品牌营销
（进阶版）
新消费时代品牌运营

官税冬　著

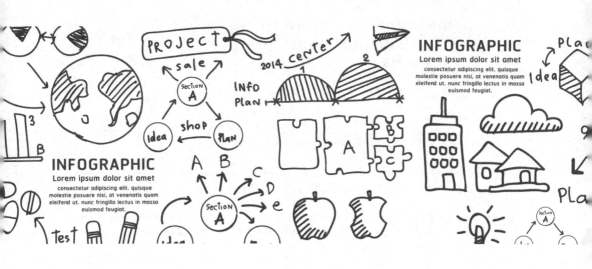

化学工业出版社

·北京·

内 容 简 介

随着经济的发展，品牌营销工作也在不断变化调整，尤其是随着互联网的发展，无论是互联网品牌还是传统品牌，其品牌营销方法的更迭都更加快速。《品牌营销（进阶版）：新消费时代品牌运营》分为新品牌观概述、新消费时代的品牌建立、新消费时代品牌营销的运营三篇来介绍，具体从品牌观、品牌思维、商业模式、品牌建立的方法、品牌定位、促销对品牌建立的优劣势、品牌建立的趋势、品牌运营的模型、建立自媒体等方面来详细介绍品牌营销工作。本书适合品牌运营者、企业管理者等阅读。

图书在版编目（CIP）数据

品牌营销：进阶版：新消费时代品牌运营 / 官税冬著. — 北京：化学工业出版社，2022.1（2025.7重印）
ISBN 978-7-122-40280-6

Ⅰ. ①品… Ⅱ. ①官… Ⅲ. ①品牌营销 Ⅳ.
①F713.3

中国版本图书馆 CIP 数据核字（2021）第 235651 号

责任编辑：刘 丹　　　　　加工编辑：陈小滔　王春峰　　　　美术编辑：王晓宇
责任校对：李雨晴　　　　　装帧设计：水长流文化

出版发行：化学工业出版社（北京市东城区青年湖南街 13 号　邮政编码 100011）
印　　装：北京天宇星印刷厂
710mm×1000mm　1/16　印张 14　字数 202 千字　2025 年 7 月北京第 1 版第 2 次印刷

购书咨询：010-64518888　　　　　　　　　　售后服务：010-64518899
网　　址：http://www.cip.com.cn
凡购买本书，如有缺损质量问题，本社销售中心负责调换。

定　　价：59.00 元

序言

　　2020～2021年注定是不平凡的，有很多创业者在焦虑、迷茫中度过每一个夜晚，伴随着失眠带来的压抑感，在黎明时刻，又得重新面对这个未知的世界。在不确定的时代下，世界在变，国与国之间在变，而每个人也在变，变成一道墙，将自己包裹起来，避免受到一丝一毫的伤害。我还记得在香港大学的研究生开学典礼上，刘宁荣教授提到一个词——围墙，建立围墙的本质源于危机感，怕被别人侵犯，怕自己的利益受损。围墙固然可怕，但它是可以拆除的，而心墙就不同了，会影响我们的心智。要改变我们在不确定时代下的心智，就必须打破我们的心墙。

　　金融大鳄乔治·索罗斯提出的一个核心投资理论就是"反身理论"。简单来说，反身理论是指投资者与市场之间的一个互动影响。索罗斯认为，金融市场与投资者的关系是：投资者根据掌握的资讯和对市场的了解，来预期市场走势并据此行动，而其行动事实上也反过来影响、改变了市场原来可能出现的走势，二者不断地相互影响。因此根本不可能有人掌握完整资讯，再加上投资者还会因个别问题影响到其认知，令其对市场产生"偏见"。

　　对于品牌营销人员来讲，我们何尝不是作为"反身者"建立自己的围墙呢？在不确定的时代下，面对消费者的"聪"和"智"，作为品牌工作者，我们应该怎么做呢？

　　近期，身边有很多朋友咨询，当下品牌营销应该怎么做？

　　我的回答都是，等待。为什么等待？很多朋友都很疑惑，认为非常时期或许是个机会。其实不然！

　　此次出现的"超级黑天鹅"不是我们之前所说的可以借势营销或热点营销的那种势能，站在专业的角度，即使真心想做善因营销和公益传播，也须尽可能地保持目的纯粹并且降低期待。

相对于品牌营销来说，我们更应该关注的是活下去，即当下与企业生死存亡相关度更高的方面。比如减员增效、企业现金流、业务可持续性、应收账期、租赁合同，又如安抚核心员工、建设内部文化等。品牌营销是稳定后的工序，我们不能搞错了顺序。

如果你真的安全感十足，一定要做和品牌、营销、公关、产品相关的事。那么有三件事可以去思考，一是企业内部营销，二是专业基础理论的回炉学习，三是对于品牌营销的全新思考。内部营销也可以理解为企业品牌文化的建立，企业内部一起交心谈话，统一思想。而基础理论知识层面，平时少有人有时间在意。吸引流量搞社群忙得不亦乐乎，谁会细想营销经典的价值？这段时间刚好可以静下心来想一想，产品、定价、渠道、促销、消费者地图、体验时刻、用户思维、产品思维等，我们是不是真的搞明白了？

虽然过程痛苦，不妨也把它当成一段非常难得的经历。当你埋头思考的时候，一定有人会分心而落后的，这也就是何帆老师在《变量》里提到的"苟且红利"，当别人犯错"苟且"的时候，你"偷"着红利。但是这里，我想说的是，这个红利是隐形的，你不需要大张旗鼓地做什么，只要心平气和地把这段时间度过去，你就赢了。坐得住，沉住气，别那么焦虑，也许就已经开始得到所谓的红利了。有时候，我们做某些事情，并不是指我们靠一己之力瞎忙活，有时等待也是一种作为。

其实，作为品牌工作者来讲，品牌、营销、公关在我看来是我们做品牌市场工作必备的三驾马车，也是面对市场工作的最好解决方案。品牌是一家企业长远的价值投资，是战略思维；营销保证企业在战场上怎么生存，是战术思维；公关则是承上启下，合纵连横。

2020年，很多行业都提到一个词"品效合一"，其实在我看来，这是对品牌营销工作思考懒惰的一种体现，品牌和效果不是伪命题，"合一"才是伪命题。品牌和效果是营销传播的不同目标，可能存在阶段的不同，短期利益和长期利益的不同，资源配置的不同，但都与企业战略目标息息相关。品牌和效果从不矛盾，在企业战略的布局里，"品"和"效"是两类不同的兵种，承担不同时期的阶段目标，发挥各自所长。"品""效"即使有"合"也是配合的"合"，而非盲目追求所谓"品牌效果合一"。

我作过甲方、乙方，甚至丙方，参与过不同行业的创业，也为很多企业的品牌营销助力。其实说句老实话，在当下的中国真的很缺专业的品牌人。做品牌营销，特别是新消费时代下的中国式品牌营销，我们要学习很多小企业的经验，而不是大企业的经验。

就像写这本书，在写之前，我脑海中已经有了构思，落笔成文只是为了将心中所想传递出去。待书写成之时，品牌的系列价值观也已构筑而成。本书差不多是在2020年开始规划的，在这里首先感谢家人们的支持，同时要特别感谢我的两位恩师——张作为先生和刘泽彬先生，对我在品牌营销和战略管理方面的指导帮助。

最后，由于时间仓促，加之学识所限，书中难免有疏漏之处，恳请广大读者批评指正。

著者

目录

上篇　新品牌观概述

中篇　新消费时代的品牌建立

下篇 新消费时代品牌营销的运营

第14章 新消费时代品牌整合营销的十三招

第15章 品牌营销下的4P、4C、4D、AIDA模型

上篇
新品牌观概述

第1章

新消费时代下的品牌观

1.1 何为新消费时代

纵观我国改革开放后的社会消费，经历了从温饱消费到小康消费，再到个性化和品质化消费的转变。今天所讲的新消费，其"新"是指随着经济的发展、科技的驱动及社会的变迁，消费人群、产品价值、交易场景发生了新的变化。

新消费时代比以往任何时候都容易创建一个品牌，但是能够让消费者记住你的品牌比以往任何时候都难。说容易，是因为消费者对于品牌的包容，例如新零售思维、消费升级、国潮的崛起、私域流量、直播和短视频的风口都是这个时代给予品牌主和创业者的全新机遇。而说难，也是因为层出不穷、千变万化的品牌营销行为正在"惯坏"消费者，他们变得更加挑剔，购买决策变得更加的聪明和智慧。消费者需要更好的服务和体验，更高性价比和品质的产品，更有个性的设计，甚至要让品牌为他们自己"代言"。从品牌忠诚度的角度来讲，如果不能满足消费者的需求，他们将随时转投其他品牌。所以，对于品牌主来说，这是一个充满创业机遇的时代，也是一个充满超级挑战的时代。

当下营销，随着消费者的需求和科技的进步，演变得越来越快。消费之变，带动商业之变，不管是线上还是线下，品牌主都在试图获取更多消费者的时间价值。还记得以前我们的生活被电视广告、报纸杂志广告和电梯广告所包围，品牌主试图通过官方的声音单向地告诉我们应该去什么样的商场，买什么样的东西，过什么样的生活，这是品牌侧的中心化消费主张。而现在我们的生活变成刷抖音、逛淘宝、翻小红书、聚会吃饭前先看大众点评美食榜查评论等，时不时还得在朋友圈发发动态，这是双向的消费侧的去中心化消费主张。

不经意间，新消费时代下"种草"和"拔草"已然渗透到亿万消费者的各个生活场景。通过在"种草"过程中寻找到兴趣相投的群体获得认同感和归属感，这种基于口碑相传、人际互动的消费方式，改变了过往的消费决策路径，给消费市场注入新活力。直播带货在"双11"购物狂欢节中全面爆发，根据阿里官方数据，2020年天猫"双11"的20万个品牌和商家中，有一半都开起了直播间，直播场次相比去年翻番。"双11"开场56分钟，淘宝直播某主播的观看量达3968.6万人次。阿里官方数据显示，2020年"双11"的家装和消费电子等类目直播引导的成交量同比增长超过400%。直播以面对面的互动形式，有着图文详情无法比拟的优势，使得直播成为连接商品、消费者和店铺的纽带，增进消费者对品牌的信任感，从而促进成交的转化。

周杰伦新歌《说好不哭》在腾讯音乐旗下QQ音乐、酷我音乐、酷狗音乐三个音乐平台上线，上线25分钟时，这首单曲总销售量就已约为229万，而在短短的24小时内，销售额突破了2000万元，成为QQ音乐平台历史销售额最高的单曲。2019年第三季度，腾讯音乐付费用户达到3540万，较去年同期增长42.2%；音乐订阅服务收入达到人民币9.42亿元，较去年同期增长48.3%。为优质的内容付费的消费习惯正在重构互联网的内容版图，亦形成新的消费价值主张。

如果说，新零售时代是从商家角度出发，注重新技术在零售效率、零售体验、上下游供应链方面发挥的作用；那么新消费时代则是从消费者视角出发，关注消费理念的升级，提供新产品和新服务以贴合消费者的体验和购买需求。

1.2 新消费时代，消费机构的变化产生

社会的变化、消费者的进步和技术的升级，促进了新消费时代的开启。消费力的增长，带来的是消费结构的变化，2020年我国国内生产总值超过101.59万亿元，比上年增长2.3%，人均GDP达到72447元，比上年增长2.0%。收入规模的增长，带来消费能力的增长和消费结构的升级。

当前，我国社会消费正从传统型满足物质需求消费到追求服务和体验的消费

转变，从功能型消费到享受型消费转变，这将是一种全新的消费机会。通过40多年的改革开放，我们取得了巨大的成功，稳定的社会和经济发展环境，使得"90后"和"00后"等新一代年轻消费群体崛起。这个占我国总人口约15%的年轻消费群体，以消费主动性强、追求舒适感和时尚化，带动消费的新一轮升级。"网红店""快闪店""内容付费""零售社交化"这些消费现象背后，和新兴消费力量的崛起不无关系。

在《认知盈余》一书中，作者克莱·舍基指出："人们的自由时间除了仅仅用于内容消费，还应更多用于内容分享和创造，分享和创造的价值远大于消费。"事实上，随着人们业余可支配的时间越来越多，"直播经济""种草拔草""宠物消费"以及更多的享受性和体验性消费都与消费者的时间剩余有关系，如今更多的消费者从物质上的消费慢慢转移到体验性消费和精神层面的消费。

1.3 新消费时代带来消费方式和营销形式的双重变化

电子商务、移动支付、物联网、基于LBS（位置服务）的O2O、一物一码、大数据等技术的普及和应用，让消费数字化成为现实，与之匹配的消费画像、消费标签和精准营销在消费领域开始大规模应用。

新消费时代，会是一种什么样的情景呢？

我们先从一家眼镜店的裂变说起。在全国，大约有15万家眼镜店。以前，眼镜店基本以服务近视人群为主，兼而服务用眼镜装扮自己的小部分潮流人士。当下，眼镜店正从一种形态裂变成三种形态，如表1-1所示。

第一种，传统眼镜店，他们以出售近视镜为主，单面铺门店，一般在40~60平方米，门店开设在学校或者商业街上，从有眼镜店以来，店铺的陈列和布局并没有多大变化。

第二种，潮品眼镜店，这类门店定位于潮品销售，可满足希望通过眼镜的装扮来提升个人形象的用户需求，他们大多数开设在年轻人经常出入的商场，门店差不多在200平方米，这里环境舒适且有不错的潮流氛围，店内装饰考究、陈列优雅，以吸引更多潮流消费者。

第三种，眼睛护理服务＋眼镜销售的复合连锁门店，这类门店基本开设在大型社区或者地铁站附近等交通便捷的区域，他们传播近视的预防、护理治疗知识，店铺亦从商品销售为主的门店演变为以眼睛护理服务为主的服务型门店。

表1-1　眼镜店形态

门店类型	线下销售方式	选址
传统眼镜店	售卖为主	学校或商业街
潮品眼镜店	潮品销售	大型商场门店
复合连锁门店	近视预防、护理治疗	社区或地铁站附近

由此可见，一个普通的眼镜店铺，衍生出潮品商品、生活服务＋商品销售的两种新的细分店铺，这背后是消费者的迭代，也是商业的同步迭代。新消费时代的到来，是消费理念的一次升级，也是商业自身的一次升级。我们从品牌、营销、消费体验、渠道等方面一起探寻新消费时代的商业变迁。

1.4 新消费时代下的文化自信，国货崛起

每年世界四大时装周都会吸引无数来自全球各地的顶尖时尚品牌，而这几年登陆国际时装周的我国品牌越来越多。李宁在2018纽约秋冬时装周上举办了主题为"悟道"的时装秀，之后在社交媒体开启刷屏模式，这也开启了中国品牌的国际时装周模式。

从那以后，森马、波司登、安踏、歌力思、海澜之家、特步等品牌分别在四大国际时装周相继亮相，这背后，是中国时尚文化与国际接轨、"国潮"的崛起，也是中国品牌在给自己贴上年轻化、时尚化的标签，以获取新兴消费群体的

认同。事实上，通过国际时装周，波司登打破了羽绒服"臃肿老土"的形象，为自己注入了轻薄时尚的新元素，而李宁通过时装周，掀起了一股强劲的"国潮"风，"国潮"系列产品几度卖断货，如图1-1所示。

图1-1　　"国潮"李宁

中国元素走向国际舞台，"国潮"火爆销售的现象，一方面是国人对中国文化自信的表现，另一方面也是中国品牌自身的蜕变。随着中国经济的崛起，中国文化跟随经济崛起，消费者亦建立了强大的文化自信；同时，国内品牌纷纷亮相国际舞台，通过国际舞台宣传中国文化和中国式审美。"国潮"风的掀起，是中国文化的胜利，也是中国文化越来越受到国人重视的表现。

1.5 新消费时代的体验至上

2018年3月8日，在杭州西湖边上的LINE FRIENDS小镇开业，之后迅速蹿红，晋升为网红店，吸引各路年轻人到店打卡自拍。LINE FRIENDS杭州店如图1-2所示。LINE FRIENDS是内容与零售结合的典型，更准确地讲应该是动漫IP（知识产权）、餐饮体验、商品零售为一体的复合业态门店。门店一楼为零售区和咖啡外带区，二至三楼是场景体验区，店内设置了书房、浴室、餐厅、厨房等家庭生活场景，在餐吧还可以点上一杯in77店特色的精酿啤酒，也可以点上一份适合双人分享的"朋友桶"，充分享受LINE FRIENDS店内轻松快乐的空间。

图1-2　LINE FRIENDS杭州店

2019年11月8日晚，"广百之夜-百雄同萌荟"在广州北京路商圈拉开序幕，活动现场推出了广百的卡通形象——四只广百熊，他们有热衷美食的"吃货熊"、酷爱运动的"明星熊"、爱打扮的"公主熊"以及科技达人"IT熊"。四只广百熊首次亮相广州五大商圈，在为现场顾客献上丰富的表演节目之余，还带来"百熊快闪屋"，屋内展示了独家定制的联名周边产品，以"故事＋商品"的概念带来营销向销售的转化。据广百股份党委副书记、董事钱圣山在现场致辞中透露，截至11月8日晚上7点，广百之夜五店联动销售额已经突破2亿元。广百希望通过"品牌＋IP"的概念，将广百打造成广州潮流聚集地。

商品的展示和销售是最早的门店形态，在新消费时代，仅仅是展示和销售已经不足以吸引消费者的关注，要吸引新兴消费势力，需要赋予门店更多有趣味的内容，让消费者参与其中，甚至将消费者自己变身为销售，这才是新消费时代合格的门店。

1.6　价值比价格更有力量

从美丽说、唯品会成立开始，导流型电商网站已经开始从价格营销慢慢转向价值营销。3C（电脑、通信、消费电子产品）领域的电商导购平台瞄准新能源汽车、美妆、服装等细分领域，开始构建内容生态以影响消费者的决策行为。随后，以天猫、京东为代表的综合电商平台亦开始涉足"UGC＋PGC"（用户生成内容＋专业生产内容）的内容产品，电商内容化之路正式开启，电商从价格营销转为价值营销基本完成。

对线上的消费而言，互动就是商机，价值才能打动人心。从单向的商品销售，到"商品＋内容链"的构建，电商平台的功能逐步从商品的买卖向以商品为中心的消费互动平台转变。电商平台亦从连接消费下单行为变成连接消费决策过程，这给消费者和商家创造了新的价值。除了KOL（关键意见领袖）之外，社群、达人、KOC（关键意见消费者）、素人在新消费时代被赋予了新的能量，这点我们已经在直播带货中初见其威力。

对线下消费而言，部分消费者的专业度甚至超过销售员，销售的角色开始弱化，需要为消费者创造新的价值点。过去，商家通过供需端信息的不对称，或者洗脑式的售前销售来应对消费者的方法已经慢慢失效。随着互联网的普及，消费者接受教育程度的提升，消费社群的成熟，消费者能够自主获取大量产品信息，之后再通过线上或线下完成下单。甚至，消费者不需要做这些，直接阅读现成的测评报告，就能触发消费决策。销售的角色需要重新定义，例如聪明的汽车4S店已经把门店的盈利重心从商品的销售移向汽车后市场，以高频的服务连接消费者，创造更多价值。

1.7　消费者的精细化分层

中国零售行业，受行业发展不平衡的影响，呈现出多个渠道形态的差异。线上和线下渠道销售服务呈现差异化，以3C类品牌华为为例，华为某款智慧屏在2019年"双11"期间，线上商城与实体店采取不同的销售价格（线上预订优惠400元，线下正价），对同一消费者而言，产生线上线下体验的割裂感，同时，也影响线下门店的销售积极性。而"双11"期间，取得线上服装品牌热销第一的优衣库的做法值得大家学习。优衣库打通线上线下的体系，除了线上线下流量互通，还能实现线下取货、线下换货等服务，大大提升了消费者对品牌的好感度。

大城市和中小城市的渠道销售服务也存在差异化。以某服装品牌为例，在大城市核心商圈，该品牌拥有上千平方米的大店，且店内的商品促销力度远高于中小城市的门店。中小城市的消费者面临选择更少、缺乏诱惑力的促销，自然不愿意在中小城市门店消费。这些，或是国内大多数老的服装品牌在渠道策略上的无心之失。

技术的进步，将带来消费者精细化的分层，改善商业的服务质量并提高服务效率。前面讲到的眼镜店从功能型商品销售、享受型商品销售和服务输出三个维度进行裂变，除此之外，还可以从消费者的不同标签进行分层。

比如：在城郊的城乡接合部，需要什么样的商品和服务？在中老年人聚集的商圈需要什么样的商品和服务？旅行爱好者在一起会有什么样的社交需求和商品消费需求？在技术进步的驱动下，对商圈的消费者从多个维度进行拆分重组，形成新的门店形态和服务方式。

在电商平台，消费者已经被打上数百甚至上千个标签，这些标签用来标记消费者的消费购物习惯、促销敏感度、价格敏感度等。在线下门店，数字化门店管理系统亦为会员消费者贴上标签，用于改进商圈布局、产品类目、营销策略等。零售渠道之间的不均衡、线上线下的鸿沟，这些在技术的迭代之下会逐步消弭，每一个消费者都能充分享受技术进步的红利。

新消费的时代，始于社会经济的持续增长、技术的创新进步和新兴消费群体的崛起。新消费时代的开启，对消费者而言，面对新消费观念的冲击，面临营销的用户精细化分层；对商家而言，面对营销的社交化的考验，面临销售形式的全新迭代。这既是消费力量的觉醒，也是商业文明的持续演化。

第2章

做品牌的富人和穷人思维

2.1 请问你是谁，你的品牌是什么？

《品类十三律》里有这样一段话，我们的大脑每时每刻都在接收数量巨大的信息，信息进入大脑后对其进行处理，大脑每秒钟要处理4000亿比特的信息，可我们只能意识到2000比特的信息。

2000比特对比4000亿比特的信息，意味着每一个人每天只能意识到二亿分之一接收的信息，因此需要极其简化地对信息分类编码，选取那些有利的信息，刺激大脑使之兴奋。换言之，人的大脑在大多数情况下，只听对自己有利的，只接收自己熟悉的，在这种情形下积极优化认知策略便产生了。

现代社交中我们会去参加一些会议或者俱乐部活动，通常我们会发现有两类人，一类人就是在现场重复介绍自己的公司品牌，担心在座的人不记得自己的公司品牌；而另一类人总是回避讲出自己的品牌名称，甚至很多时候听完其介绍，都不知道他讲的是什么。我们可以回想下，自己平时是否会抓住任何一个有人在的场合，努力传达自己的企业或者个人品牌呢？这个时候，你就会发现可能存在两个问题：一个是太用力，踩不住刹车，使接收信息的人很反感；另一个就是软绵绵的，没有力量，别人基本记不住你的品牌。你可以问问你的家人和朋友，他们是否知道你创建的这个品牌名称及服务？

如果一个陌生人不知道你的品牌，也许是你的品牌曝光不够；如果客户不知道你的品牌，也许是你的营销技巧不足；如果你的家人和朋友都不知道你的品牌，那就是你的主观意识不够。只要有人的地方，不管人有多少，都需要大胆展示自己或者企业品牌。一个好的品牌名称是敲门砖，它具备重要的起点意义和符号意义，也是你的品牌资产，就像给你的孩子起个好名字一样的重要。

俗话说，再小的个体，都是品牌，要敢于宣传自己的品牌。一个创业者对于自己所创立的品牌或者自己的名字呈现出骄傲的时候，他才真正敢对这个品牌负责。当他敢于负责的那个时刻出现，这个品牌才会被真正地注入责任和初心，品牌的真正意义才会呈现。

2.2 做品牌没有以小博大

你是否经常遇到，老板或者上司告诉你，微博上某个事件上热搜了，或某视频在抖音刷屏了，我们马上做一个，看起来应该预算很少，我们马上趁热跟一下。如果你自己本人就是老板，或许也有过类似的内心活动，交代或要求团队紧跟热点。结果基本都是一地鸡毛，获利的只有给你做执行工作的创意和传播公司。

相信很多做乙方的人都有类似的心理活动。比如："甲方要求马上做一个类似的动画视频，但我知道当视频做出来后热度已经过了，且无法扩散，要么还得花钱去买媒体位置，但没关系，客户有钱就做。"你看，其实这是想以小博大，但却花了冤枉钱，没效果。

《孙子兵法》对我最大的影响就是让我明白"胜利一定来源于压倒性的优势"。你一定要有压倒性的优势，你才更可能赢，你才能出手去打；如果没有压倒性的优势，你就不要打。不能打怎么办？要么等，要么躲。很多人都说"我要出奇制胜""我要以小博大""我要四两拨千斤"，在这里，兵法书就告诉你了，只有以大博小，没有以小博大。这是无数次的品牌营销尝试后获得的结果，靠创意本身、时机契合以及你完全无法说清楚的运气才可以获得的结果，基本和买彩票一样。如果就是为了实现所谓的以小博大，可能面对的就是什么都没有的结果，并且因为尝试次数多，总的投入，包括金钱、人力和时间上的投入其实并不少。

在新消费时代，我们的消费者已经变了。仅仅借助一个传播手段难以让他对你的品牌产生认知，你的传播根本没有占据消费者的心智。品牌的塑造是需要时间的，想获得消费者的心智绝非一朝一夕，因为所有的"快"都是用"慢"换回来的。

作为品牌营销人，我们有机会当然要抓住，但不要总以为这样的机会你抓住了就可以省钱和省力。这个世界总体是公平的，品牌的拥有者应该有战略思考，用长期思维去抵抗局部和暂时的不公平和坏运气。

2.3 做品牌要有富人思维还是穷人思维？

《富爸爸穷爸爸》有句特别经典的话：富人买入资产，穷人只有支出，中产阶级买入他们自以为是资产的负债。

有个男孩很聪明也具备经济头脑，大学毕业后，他家里资助他在北京买房，因为是"富二代"，别人觉得他肯定会买特别大的房子，结果他在一处高档小区里贷款买了两套90平方米左右的小户型，一套自住，一套以租养贷。这样，等于找了个人来替自己分担一半的贷款，而且由于买得早，贷款还清后，这套出租房除了本身价格翻了三倍，还给他每月带来一笔不菲的租金。

富人往往更懂得区别资产与负债。有调查显示，富人在对待奢侈品方面的态度也完全不同，富人往往在很富裕后才考虑用资产性收入（比如房租、股息分红）购买奢侈品，而穷人会动用自己的储蓄去购买奢侈品。

曾有文章指出，用"穷人思维"做品牌，就是把花出去的钱当成消费，要有效果，要立竿见影，如今天投了广告，要马上看到回报；而用"富人思维"做品牌，是长期投资，把钱投进去后，会从立体的品牌角度看企业的品牌投资，从而保障品牌溢价和品牌信用。我们做品牌一定要维护我们的品牌资产。

而今天，新消费时代下消费的场景变了，消费者的行为习惯变了，作为品牌工作者，要让消费者认识你，喜欢你，离不开你，要从企业自身的4P（渠道、产品、推广、价格）去分析。不管是"穷人思维"的消费，还是"富人思维"的投资，都要具有深刻的洞察，从产品、服务、推广、渠道、价格去创新和变革。

2.4 做品牌，认知真的很重要

在当今的新消费创业浪潮下，理象国、王小卤、自嗨锅、三顿半、元气森林、王饱饱、ffit8、熊猫不走、榴芒一刻等一批新消费品品牌拔地而起，我们深刻地去看，他们做的产品基本都是传统消费品牌的全新再造。只有对整个行业转移的全周期、全链路的深刻认知，才能造就品牌的崛起。

那么怎样才能提升对于品牌的认知？

第一，多看书。一定要静下心来看书，而不是碎片化地看视频、听音频。我从事品牌工作差不多16年，每年基本上读不少于60本书，每次看书要在30分钟以上。看书的好处就是积聚大量的知识点，同时有序地梳理你的知识结构。这里分享我自己看书的小窍门，可以根据自己的阅读习惯将书划分为品牌营销类、经营管理类、心理学类、哲学类等。

第二，看你关注的行业的企业年报。因为可以通过年报分析、研究你所想获取的竞争对手公司的经营情况，获悉公司的经营战略和财务数据。同时通过对不同公司年报细节的探究，来了解你所在行业的头部公司未来打造品牌和创造财富的潜力。

第三，建立知识矩阵，来引导你的品牌工作。对于品牌工作者来讲，知识矩阵应该从"渊"到"博"去建立，渊与博的辩证关系从哲学上讲就是对立统一的关系，渊是基础和根基，没有渊的形成就没有所谓的博，而博的培养必须建立在渊的基础上。渊与博还可以体现量变和质变的关系，只有渊这一量变的不断积累，最后才会形成博的质变，最终升华。

第四，学经验，走正道，找领路人。一位资深的专业人士对你的帮助是巨大的财富，要懂得从他的身上获取更多的知识和经验。找到优秀的导师或领路人，能够让你少走弯路。

第3章

品牌是深思熟虑后的产品

🛍 3.1 不冒险就是最大的冒险

在当今整个新消费时代创业大浪潮下，所有的新消费品牌创业都是一种冒险，很多创业者认为我的产品品质很好，我的供应链很好，就不太重视品牌工作，而这往往是最大的冒险。

消费品品牌在创立过程中，创业者要有建立品牌的思维，在创业的过程中不一定要先做品牌，但在发展阶段的每时每刻都要具备品牌的意识。

我们回头看看当今中国著名的消费品牌，从传统媒体时代脑白金那句洗脑式广告到数字化时代瑞幸咖啡社交裂变的崛起，再到新营销场景下私域营销的打造，都包含着创始人破釜沉舟的勇气和魄力。在我看来，做品牌不应该是冒险，品牌不应该是用钱砸出来的，而是审时度势地从品牌的思维和营销的变化中去创新。

当今社会的品牌营销趋势在不断变化，品牌小众化越来越受到圈层群体的喜爱，亚文化、国"潮"、赛博朋克、复古艺术等的兴起也将不断地引发企业对品牌文化做分层运营。

我们常常说品牌之难和品牌之易，当今市场环境下，我们所处行业的赛道和规模都在我们运营品牌的过程中不断升级和迭代，如果还是按照传统品牌营销模式去经营品牌，其实我们会发现市场已经变了，消费者也变了。

那么我们首先要理清如何做品牌的问题。

（1）洞察行业趋势

品牌首先要立足对于行业的洞察，而好的行业洞察和商业模式一定与当下的"好赛道"相关。品牌的成功，我们经常说是天时地利人和，再加上运气，也就是"时势"，是技术的大趋势，或是需求的大趋势，又或是能最好满足需求的商业模式大趋势。

（2）建立品牌意识

品牌是主观的结果，如果没有品牌意识，是很难打造出优秀的品牌的，做品牌一定是长期的价值投资，而非短期的价值投资。例如，当中国电冰箱还处在供不应求的年代，海尔就以痛砸一批微小瑕疵的冰箱，向消费者宣告"品质第一"的经营理念。这就是一种品牌主观意识的结果。

（3）强化商业模式运作

品牌只是商业运作的一种结果，代表关于商业的想法以及如何实现这个想法并赢得市场认同的所有一切。品牌如果缺乏商业化运作，就算你有很优秀的产品，也无法成长壮大。例如，"茑屋书店"作为一个成功的品牌，"成功"表现在其商业模式创新的"势能"上，背后更深层次的原因在于其独一无二的文化理念，以及善于将创意进行商业化的运营。

3.2 品牌建立最大的风险是内部沟通不畅

企业内部沟通不协调能把初创企业拖垮，这也是品牌建立对外推广最大的阻力和瓶颈。在创业过程中，很多时候我们发现内部沟通不协调的主要原因出现在：创始人的经验主义、团队的价值观不同、部门之间的围墙，还有上下级的认知思考及执行力的不同。这些问题是我们在建立品牌初期面临的最大风险。品牌营销的工作首先要内部化，而非外部化，在建立品牌的初期，公司制度、人力资源、组织架构、产品创新等方面要明确品牌的重要性。

解决内部沟通不协调的问题，这里有一个方法论——现代品牌建立管理的6C理论，这个理论不是我自创的，而是将优秀的管理大师提出的方法论和我在平时的品牌顾问工作中的经验结合得出的方法，6个C品牌工作如图3-1所示。

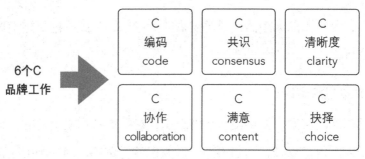

图3-1　6个C品牌工作

编码（code），在初创企业品牌建立时，首先要学会编码，制定清晰的品牌内部和外部的目标，编绘出品牌推广的整体思路。

共识（consensus），是品牌负责人在品牌推广建立初期，在与上级、部门内同事以及部门外同事沟通和执行工作任务时所达成的共同认识。

清晰度（clarity），在品牌建立过程中，上下级和部门之间对于品牌建立的协调和执行的清晰度是否做到清晰，以分级别的方式发出清晰指令。

协作（collaboration）：当部门同事和部门之间受到品牌建立合作的鼓舞或有机会帮助彼此成功时，会受到激励而更加努力工作。

满意（content）：当品牌负责人意识到品牌建立的工作对组织的重要性时，当部门同事和部门之间能理解各自的工作对品牌推广有贡献的时候，会受到激励而更加努力工作。

抉择（choice）：如果部门同事在工作中被授权进行决策时，会受到激励而更加努力地工作。

社会的价值观正在改变，各家公司情况也各有不同，缺乏相应的规范，社会风俗和人情关系不同于西方，很多时候品牌营销的难，就在于中国的特殊性。因此内部的沟通协调是品牌营销的重点。

3.3 99%的自主品牌依然是半成品

中国的消费品的转折点是从2018年"中国制造"转向为"中国创新"，从0到

1转向为从0到10，完善的制造链体系，优越的供应链体系，至少在5年的时间内将会是新消费品牌的创立大浪潮。在新消费构建的四要素（图3-2）中，除了产品要素端、渠道要素端、传播要素端之外，构建初期"品牌要素端"是很多企业面临的问题。人才的不确定性也是导致品牌面向市场时依然是半成品的重要因素。

图3-2　新消费构建的四要素

很多自主品牌在创立初期注重的是短期营销回报或者快速促销，而非品牌建立或者品牌资产观投资的因素，核心原因就是创立初期在创始人或者投资人面对市场的压力时，重金投入市场寻求短期回报，而不是循序渐进地进行品牌的塑造和投资。

现在的消费者已经非常聪明，消费决策更理智、更成熟，特别是初创新消费企业的品类、品牌、口碑、包装、内容、KOL（关键意见领袖）或KOC（关键意见消费者）的代言都会纳入消费者的考虑，只会"种草"真正适合自己的产品，所以品牌的投资就非常重要。

"95后""00后"逐渐成为消费的中坚力量，这些Z世代❶人群更多是偏向悦己层面的精神消费、品质消费和个性消费，也推动了情绪经济、审美经济的发展，给消费端带来了长远的变化，这些都是基于消费主体思想和行为的变化，对消费的需求和场景产生了创新性的依赖。

新消费时代的来临，企业的生存根本是在获客之后，也就是我们常说的拉新后的"复购"，复购的重点在我看来就是企业对于自身的品牌认知。为什么我要说99%都是半成品呢？

很多企业的品牌部是在运维部、销售部，甚至是产品部的组织架构体系内，没有单独形成企业的重要部门，这样的组织架构往往会使企业品牌面临市场推广

---

❶ Z世代指的是在1995年到2009年期间出生的人，这一代人伴随着互联网的成长而成长，在他们的成长轨迹中，受到了互联网、电脑、智能手机等现代科技产物的重要影响。

变化的不确定性加大。在新消费品品牌创业浪潮中，我认为品牌部应该在企业组织架构中作为一个重要的单独的部门存在。

喜茶的成功在于，创始人聂云宸很看重的两个部门从创立到现在都是亲力亲为，一个是产品研发部，茶饮口感是一切竞争的基础；另一个是负责内容和设计的品牌部，这个跟很多公司的组织架构都不一样。喜茶品牌部不负责搞资源对接，而是负责公众号、短视频平台、微博的文案和设计，还包括产品包装，甚至是门店设计，可以说所有用户看得见的地方，它都要负责。

很多企业都没有对于品牌创立的从0到1的基本认知，在创业初期，创始人认为设计一个企业的标志，然后做效果推广，有消费者购买就自然形成品牌了，这是错误的观点。在新消费时代，我认为企业的品牌创立应该是从新组织、新内容、新媒体、新用户（图3-3）的集合去思考，这四个"新"要求我们审视品牌主在新消费时代的竞争差异化。

图3-3　四个"新"

（1）新组织

我国已经具有成熟、庞大的供应链体系，你想要什么产品都能生产出来，不需要自己建厂、建渠道了。但你也得有足够灵活的组织能力，才能撬动供应链来支持你。在喜茶这样的新组织里，内容部门也叫品牌部门，但它的核心职能已经完全变了，不再只是搞活动和广告，而是用输出内容的方式打造公司的品牌。过去，内容输出是市场部下面的一小块业务，往往外包给公关公司或者广告公司，一年下来拍几个广告片就差不多了。

但是在完美日记、喜茶、三顿半这样的新消费品的企业新组织里，内容可是CEO要抓的重点，每天都要对外输出内容，和消费者高强度互动。现在进入了消费者驱动的时代，谁代表消费者意见，谁掌握消费者的语境，谁就有话语权。而内容团队每天都在网上跟消费者接触，他们的工作决定了用户如何理解一家公司，他们也沉淀了更多来自用户的意见，所以在需求洞察上最有发言权。在新消费时代，品牌部在企业组织体系中的重要性的转变是企业内部面对市场的重点。

（2）新内容

是指用这些新内容平台的工具洞察、连接用户的能力。在这波消费产业变化里起作用的内容平台，还不只是抖音、快手和淘宝直播，像微博、大众点评、小红书、B站这些内容平台也都在短视频化。同时，这些平台上的新内容，应用到消费上，大大提升了企业跟消费者在沟通各个环节的效率和体验。完成一次消费行为，企业和消费者的沟通会经历五个环节：产品定义、传播、决策"种草"、导购下单、用户反馈。而这几个环节，现在都在被新的内容重塑。新内容是这几年消费市场里最猛的催化剂，消费品牌能用多渠道跟用户做更深度的沟通，交易更容易达成，用户的购买体验也更好了。

以口红为例，当你刷抖音刷到了完美日记的新口红，从了解到决定购买再到下单，可能只需要两分钟。传播、"种草"、购买，三步合一。

再比如精品速溶咖啡品牌——"三顿半"，第一阶段在"下厨房"APP小范围推广，找到一批种子用户，现在我们看到的三顿半，是从"下厨房"APP开始走红的。这个APP聚集了一大批美食爱好者，比普通用户拥有更为挑剔的味蕾。三顿半给部分用户寄送产品样本测试，经过他们的反馈，三顿半的早期产品得以不断优化、改善、打磨，甚至引起了下厨房官方团队的注意，给予流量扶持。直到产品成熟后，三顿半转移阵地，开始在淘宝店发力，而下厨房这批种子用户，也"路转粉"，"种草"成功。

同时三顿半也有模有样地设计了一个神秘的"领航员"角色。不是你买得多就能当上，三顿半专门有人负责在各个渠道留意品牌相关的UGC内容（用户生产内容），经过团队预判后觉得有"领航员潜质"的，就会给对方寄产品并保持沟通，及时了解对方对产品的体验和想法。

据说，现今领航员已发展至800多人。当提出同一个建议的领航员达到一定数量，三顿半就一定会对产品进行提升改变。按他们的说法，领航员就是"给产品指明道路和方向的人"，说白了就是"首席测试官""首席体验官""首席品牌官"。而如果从营销圈来解读，三顿半这一动作就是在挖掘和培养更多的KOC。从他们官网上透露的信息来看，这些领航员不一定是某个领域的"大V"，更多的是素人，而且多半充满文艺气质，如摄影师、插画家、甜品师等，符合品牌调性，网络上流传的不少产品图，就是由这群领航员贡献的。

除了找到种子用户，培养KOC，用户在尝新之后能不能达成复购，很大程度上靠的是产品力，但除此之外，三顿半还有一套"别致"的用户留存计划——返航计划，也就是空罐子回收计划。笔者家里保存的部分三顿半的空咖啡罐如图3-4所示。

图3-4 三顿半的空咖啡罐

三顿半还和一些城市的特色书店、商场等线下空间合作设点，用户可以自行在线上预约前往"返航点"，提供的空罐子可以储蓄"能量"，用来兑换咖啡或其他周边，默默地又让你对品牌"种草"。

（3）新用户

为什么在今天，新的内容能力能带动这么大的变化？这是因为，这几年新的内容平台，给新品牌带来了新的用户土壤。新用户，是人口结构轮换的结果。新的年轻群体对消费的理解跟以前完全不一样。这届年轻人最大的特点是，他们不是看电视长大的，而是用着互联网长大的。现在年轻人消费往往有三个前提：要好看，要能彰显个性，最好还是喜欢的明星或者信任的朋友推荐的。

但新用户就等同于年轻用户吗？其实也不是，比如笔者同学的爸爸，他已经退休了，生活在四川的一个四线城市，用智能手机这么多年也不会用淘宝。但今年他却告诉我，他在网上买东西了。怎么买的呢？他从今日头条上买了一双鞋。对，今日头条也卖东西，它都不是在线支付，而是货到付款，这样更能获取中老年人的信任，他们看到东西再给钱会比较放心。移动互联网时代下，老人、小孩、生活在农村或三四线城市的人，各种圈层的用户，被今日头条和快手这样的内容平台卷入移动互联网当中，并成为消费企业的增量。阿里巴巴已经有这么大体量了，2019年活跃购买用户还涨了一个亿，这还没有完结，因为涨完之后的年度活跃购买用户也不过才7亿多，刚超过当时中国人口的一半。所以，所谓的新用户的正确理解是"新触达电商网络的用户"。

（4）新媒体

我这里指的新媒体，不是今日头条、抖音、微博、淘宝甚至微信公众号等媒体平台，我指的新媒体是从旧媒体的思路转换为消费者能看得见、记得住的"新媒体"。很多初创企业并没有大量的资金，往往把产品研发好再面对品牌营销推广的时候，就发现自己的营销费用捉襟见肘了。要做，担心投出去了，回报没有达到预期；做一点儿，担心效果不好，不做，更不可能。

这个时候我们要思考的是品牌触达市场的第一媒介是什么？那就是我们的产品包装。当我们将产品包装认知为第一媒介后，在消费者购买路径的关键时刻，好的包装发射出的强烈的信号会变成社交分享的传播链条。很多品牌工作者往往没有注意到包装的媒介信号，更多是将公众号的裂变、流量的购买放在首位。站在消费者的立场，在超市看见某品类的产品，在选择消费品牌的时候，包装的媒介信号就是消费者购买决策的重要一环。在我看来企业内部的新媒体第一环节就是包装，它是购买理由的载体，没有这个载体，就无法传达购买理由，商品就无法被销售。

第4章
没有好的商业模式，不要做品牌

4.1 先确定产品还是先确定商业模式？

当准备创业的时候，创始人都在思考一个问题，创业是先确定产品，还是先研究出商业模式。其实，商业模式和产品是新消费品牌创业的两个阶段：第一个阶段，研究怎么做出好的产品，当然是选对赛道，研究大品类，拿出足够优异的产品；第二个阶段，看别人的模式找自己的机会，研究通过何种模式或者方式让品牌赚钱。

商业模式往往先是有一个产品或服务才开始做。每一件产品或服务都有相关的产品数据，与规格、价格、供应链、包装、行业赛道等相关。商业模式是在创业发展中逐渐发现、厘清了产品和服务的品类定位以及顾客价值，同时逐渐回答了包括行业壁垒、团队组建、竞争对手、市场规模等一系列问题的过程中形成的。

商业模式要包含已有的创业实践，不管你到达的深度、广度如何，特别是想要寻求风险投资的创业企业，你的商业模式就是别人分辨你的企业优劣的关键点。成熟而健康的商业模式才是创业企业获得成功的基石。任何创业公司都不是一个独立的存在，都是公司产品与消费者、供应商、渠道等关系的连接。为什么企业可以赚钱？就是这些关系为了共同利益而产生了良性的互动。商业模式包含了公司战略、产品战略、品牌战略和运营战略，健康的商业模式不能只谈赚钱，还包含社会价值、品牌价值、用户价值及数字化的价值。

所以，健康的商业模式的原点都是从产品和服务出发的。

（1）产品和服务需创造什么顾客价值

顾客价值包括心理价值和获得价值。心理价值是顾客一种心理期许的感觉，来自他从产品或服务中获得满足感的大小，其评价具有主观性。获得价值是顾客以实际的花费取得的产品和服务，可以用同等的价格买到的同等品质的产品和服务来评价。顾客在购买产品和服务时，总希望用最低的价格获得最大的收益，使自己的需要得到最大限度的满足，所以顾客是价值最大化的追求者。

虽然顾客价值是顾客对产品和服务的一种感知效用，并且是基于顾客的主观判断，但顾客价值仍然取决于品牌、产品及服务本身真实的价值。因此，做好品牌塑造、产品创新和服务体验是创造顾客价值的根本，是源头，是核心，是重点。

（2）产品和服务为哪些顾客创造了价值

一个产品再好，如果卖错了人，则不会被人接受。所以好产品，首先要明确你卖给谁。

我们要记住，不是所有的顾客都是你的顾客，目标顾客的集中度决定定位的精准度，占领顾客心智的记忆度。能够满足所有人的产品反而不是好的产品，产品和服务的创新往往在垂直细分领域。随着人工智能与大数据的发展，未来更能把产品和服务的目标客户精准到个体，所以有人说移动互联时代的新消费创业机会，还有95%以上没有被发掘出来，这是有道理的。

从产品和服务出发的商业模式定位中，选择不做什么样的产品和服务，比你选择做什么样的产品与服务更为重要。多则惑，少则得，产品和服务不在于多，而在于真正满足顾客的需求。产品和服务总是满足某一个领域、一个行业的某一个环节或某单一市场的目标顾客，并最终决定了某一种合作关系与利益分配的格局。

在B站上，一位美食UP主刚说要给大家安利一款好吃的凤爪，立刻出现"盲猜王小卤""凤爪好吃不过王小卤""最爱王小卤的虎皮凤爪"等弹幕信息。王小卤虎皮凤爪，2019年1月在淘宝上线，由于产品"一秒脱骨，满嘴卤香，个个起虎皮，好吃到舔手指"，很快在竞争激烈的卤味零食赛道中，成为"吃货"心中的"国民凤爪"。数据显示，这家公司在2020年"6·18"活动的销售额超过千万元，获评天猫"6·18"新锐黑马品牌；而在"双11"期间，王小卤GMV（成交总额）超2000万元，同比增长3300%，稳居鸡肉零食类目第一名。

新消费人群的崛起对市场提出了新需求。相比父辈，年轻一代对产品的口味、品质、颜值等都有更高的要求，也甘愿付出更多的成本去换取更好的东西。

而浏览当下的卤味零食货架，一行行排列的依旧是卫龙、有友等二十多年前创立的品牌，还是相对缺少产品创新和品牌个性，新新族群迫切呼唤属于自己这个时代的新品牌。另外从客观条件来看，中国供应链已臻成熟，优异、扎实的品控体系可以制造出世界一流的产品。同时，民族自信心空前高涨，国人文化自信坚定回归，让国货乘风破浪正当潮。

如何才能成为行业代表呢？

产品为先，必须拿出足够优异的产品。传统的肉类包装零食存在诸多缺陷，比如它们中的大部分因为高温杀菌工艺而口感较差。王小卤进行多项技术改进，采用"先炸后卤"的制作工序，保证凤爪弹性依旧，接近现做口感。同时他们还专门聘请工人每天给凤爪剪指甲，这道工序很辛苦，也增加成本，但这是消费者在意的细节，是值得的。

虎皮凤爪是王小卤的爆款单品，除此之外，他们还生产豆干、猪蹄、牛肉干等。但进行推广的只有凤爪，其他都"卖而不推"。这是王雄坚持的定位理论："品牌是对用户心智的占领，如果今天往消费者脑海里敲A，明天敲B，后天敲C，很难夯实。但如果对'凤爪'进行单点突破，建立'凤爪等于王小卤'，类似于辣条等于卫龙的强关联，效率是最高的。"在他看来，与用户的沟通需要持之以恒才行。

随着品牌知名度的提升，当有一天消费者发现王小卤除了凤爪还有其他产品时，自然也愿意尝试，比如大受欢迎的牛肉豆腩。

4.2 商业模式的创新：全渠道模式

新消费时代，创建全渠道模式是市场制胜之道。全渠道与多渠道是截然不同的两种模式。多渠道的效率低，渠道互相之间难打通，线上线下渠道冲突明显；而全渠道是将渠道打通，形成一个独特的营销闭环，通过数字化赋能，拥有最高的营销效率。

盒马鲜生、瑞幸咖啡都是典型的全渠道品牌。它们推向市场，就呈现出与众不同的竞争力，让行业的传统领导者感到紧张，这就是全渠道品牌呈现的威力。

（1）全渠道品牌必须具备抵御电商模式的能力

盒马鲜生选择了"生鲜"这个类别作为突破，让电商难以跟进和模仿。在传统领域中，有很多企业都"死"在被电商跟进的道路上。而瑞幸咖啡注重咖啡的新鲜和品质，本身具备抗电商冲击的能力，这也是创业选择品类的一个重要考量。

（2）全渠道品牌要具备打造独特用户体验的潜力

全渠道重要的特点就是用户的最佳体验，包括线上平台的用户体验和线下门店的顾客体验。良好的体验不仅发生在"购买"本身的体验上，更重要的是品牌的文化所创造的差异化体验。具有"高体验性"的产品在打造全渠道模式时拥有先天优势。对于体验性弱的品牌，应该尽量挖掘产品的可体验点，提升顾客的体验感。

（3）"场景＋产品＋服务＋内容＋品牌＋科技"构成全渠道的六大支撑要素

创建全渠道模式需要升级原有的品牌营销知识和战略战术思维。对于过去以"产品"为主导销售的企业，应该将重点延伸至"服务"和"用户体验"上，寻找创新的机会。对于过去以"服务"为主导销售的企业，应该将"服务"产品化，利用线上平台扩散销售的机会。卖产品与卖服务之间不再有明确的界限，不管你是属于哪一种，都有必要进一步开创内容和导入科技，来创造全渠道的独特的体验。对于品牌来说，以"品牌资产投资"为导向，更能为企业在后期拥有足够多的品牌信任度和品牌溢价助力。

（4）全渠道模式需要回到以用户为中心

全渠道系统的核心就是以用户为中心，目的是让用户的消费行为和消费生活场景处于一个非常顺畅的，具有个性化、愉悦感的世界中。企业需要建立一个真正洞察用户、关注用户历程的观念和系统，重塑平台，精益运营，那么核心就是"持续改善"，改善的过程是个螺旋式上升的过程，永无止境。企业的环境在不断地变化，顾客的需求也在不断地丰富。

（5）全渠道是一种创新的商业模式

企业需要基于全渠道系统和用户细分来重新设计商业模式。全渠道商业模式有五大竞争优势：一是运营效率的提升；二是用户价值的最大化；三是闭环系统不断精益化和迭代升级；四是数字化，更快触达用户的精准传播；五是内部协同效率的升级和强化。

（6）全渠道品牌可以从电商、社群、直播和实体店及第三方平台多点启动

全渠道品牌模式不再采用电商或实体店零售的两分法模式，因为一个完善的全渠道系统可能整合了电商、社群、直播、实体店、第三方平台等多种模式，所以全渠道品牌可以从任何一个渠道开始启动，或者同时启动，这提高了切入市场的灵活性和成功率。

（7）全链路的营销行为

全渠道品牌思维下的渠道变了，结果没变，通过线上与线下营销触点数字化，"触达—进店—互动—促销—转化—复购—社交裂变"全链路的营销行为（图4-1），从而带动建立品牌新"三度"，也就是后面提到的记忆度、口碑度和搜索度。

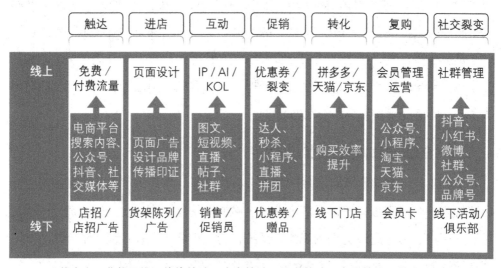

图4-1　全链路的营销行为

Away是美国知名的在线原生生活风格品牌，主要销售行李箱与旅行用品。秉持直接面向消费者的经营模式，没有第三方批发商或经销商，得以降低渠道成本，并反映在售价上，让消费者可以在网络上以便宜的价格购买到精品等级的旅行配件。

在品牌创立之初，Away的两位创始人就针对公务旅行人群进行了调查，发现在这部分旅行箱使用频次较高的人群中，他们对于旅行箱的需求主要集中在：随行充电、收纳空间最大化、轻便但又坚固。因此，Away的产品很好地兼顾到了这几方面。

自2015年成立以来，Away累计募集的融资金额已达到8100万美元，迅速扩张了网络与实体店的事业版图，不到三年，Away已卖出超过50万个行李箱，并在英国、美国拓展六间实体店面，更在2018年与NBA球星Dwayne Wade推出了联名系列，再度提升关注度。

Away规模的发展是迅速的，在欧洲建立专业的团队、客服中心，并开展市场营销活动。Away还与多方合作者合作推出限量版行李箱，如名人Rashida Jones和Karlie Kloss，NBA，甚至电影《神偷奶爸》，从而向不同类型的消费者推广Away。它的产品种类也非常丰富，有大容量行李箱、服装袋和其他品类。

除此之外，Away还是一家媒体公司，拥有专注于旅行的杂志和视频播客系列。Away在Facebook和Instagram的广告上花费了数百万美元，它还在广告牌、电视甚至在机场安检的托盘上做广告。

Away发展至今，已经不仅仅是那个最初的网红品牌，而是一个值得信赖、拥有忠实的粉丝基础的扎实品牌，同时还是一家专业的旅行媒体。除了在线销售外，Away还开设了实体零售店。

线下实体店策略：Away打造了一个极为活跃的Instagram社群，巩固Z世代的核心用户，实体店空间只有30%用来贩售商品，其余空间都是用来刺激用户对旅行的向往和体验，包括提供免费咖啡、座位、旅游书等。此外，为了加强社群黏性，Away也制作旅游播报和线上杂志*Here*，创造更多旅行话题。

4.3 商业模式创新依靠品牌独特基因

品牌是一种无形资产，是溢价和信用保证的基础。品牌既不是产品也不是顾客，是串联产品和顾客之间的桥梁，与其他串联方式不同的是，品牌凭借品牌基因、特性、洞察、影响顾客心智，这是从狭义的品牌来说的。具备独特的基因是一个人之所以区别于其他人的原因，科学家发现，双链基因图谱决定了我们不同的个体特征。同理，品牌的个性源于品牌的基因，没有独特的识别价值，就不会带来差异化的盈利能力。

部分消费者认为沃尔沃安全，奔驰舒适，宝马提供更多驾驶乐趣，不同品牌的独特基因，带来的就是人格化的品牌个性。一家企业如果要有持久的品牌差异化价值，就必须进行商业模式创新和变革。任何成功的品牌都有自己独特的商业模式，盈利能力支撑品牌长久的发展。商业模式结合产品技术创新，结合顾客心智的变化，从精准定位、商业模式、交易结构、渠道变革、盈利模式、现金流结构及资源架构等再定义品牌价值。

以水饺为主要代表的冻品作为中国普通家庭的主食之一，一直是速冻食品赛道的重要品类。而随着消费者对"吃"越来越讲究，速冻食品加速升级，除了传统玩家外，高端冻品赛道也涌现出了诸多品牌。但是，在新品牌不断崛起的当下，这些品牌的声量及市场知名度仍有不足。

从市场环境来看，截至2019年，中国速冻市场规模达1467亿元，年复合增长率超10%。中商产业研究院预测，2025年中国速冻食品市场规模将近3500亿元。而在新冠肺炎疫情之下，健康食品理念逐步深入消费者内心，速冻食品因其标准化、即食性和便利性特点，迎来新的爆发点。有数据显示，2020年餐饮领域投融资事件共90起，其中品牌、健康、精致、创新、包装、口味、价格成为新的需求点。

目前，传统品牌在速冻食品市场占有率差不多有七成，速冻水饺、馄饨等品类由于起步早，行业已是一片红海，就连细分高端市场也竞争激烈。有行业人士表示，速冻水饺、馄饨等大多作为传统速冻食品品牌的品类来看待，单纯做成品牌很难，全国性的品牌更是少之又少。

不过，对于新消费品牌来说，一切皆有可能。55万多只水饺、33亿多UGC作品播放量、219万多直播带货播放量、累计访问达2亿多人次，这是一个成立于2020年的冻品新锐品牌理象国取得的战绩，让不少传统品牌相形见绌，这也是他们创立初期的品牌基因决定的成功。

理象国在推向市场时联合美食垂直类IP"深夜吃点啥"，通过"IP＋达人＋品牌"三维联动，多维展现理象国产品特点并实现爆品"出圈"。实际上，这正是新消费品牌极速增长下的一个缩影。

作为一家快速成长的冻品新锐品牌，理象国的发展速度让人难以想象。笔者从理象国2020年9月15日低调上线预售至今一直在关注它。理象国天猫旗舰店粉丝从0快速增长并突破39万，而上线99天，理象国天猫店销售额便位居平台水饺行业第一，其2020年11月份的销售环比增速达1035%，更获得了天猫美食2020年度创新突破奖。

值得注意的是，虽然聚焦在已经是红海市场的冻品赛道，但理象国主打差异化，产品特色是"犹如现包，不像速冻"，产品馅料选材上多以干贝、松茸等上等食材为主，在全国甄选优质食材，有别于市面上现有的冻品。据了解，除了水饺外，理象国还会在馄饨、汤圆等冻品产品上通过选用理想食材，为消费者提供理想简餐。

近些年，一些新消费品牌逐渐占据消费者视线，并以一种颠覆传统的品牌形象成功"破圈"。这背后除了品牌和营销方式转变外，还与消费者消费行为变化有关。

Quest Mobile发布的《2020年Z世代洞察报告》显示，Z世代人群线上中高消费（200元以上）能力占比达74.5%，线上消费意愿（中高层）人群占比达82.3%。而以Z世代为代表的快生活节奏人群，在追求品质生活的前提下，柴米油盐皆可"出圈"，精致速食正成为他们的心头好。面对消费需求和消费能力的升级，虽然不少新品牌聚焦传统赛道，但通过在包装、食材等方面实现极致化追求，能够提升产品价值，从而满足生活精致的人群的需求。随着快手、小红书、微博、B站等互联网社交内容平台的兴盛，新品牌通过社交网络实现网红化裂变式扩张，迅速占领消费者心智，这些实现"种草"和形成社交口碑的品牌，也精准匹配了新消费人群的需求。

我们以理象国为例，一顿理想的简餐是理象国的品牌目标，通过IP授权，理象国在"深夜吃点啥"话题页出现，由快手美食达人率先发布短视频预热，以深夜花式烹饪、家庭场景化表达等形式植入产品卖点。在快手平台，通过UGC多元化内容共创，理象国影响到了多用户圈层，在加速流量转化后，完成新品牌"出圈"。对于平台方来说，与理象国的合作，能够实现快手美食垂类用户对新兴、高端品牌消费意愿的转化。

而在小红书平台上，理象国也在不断地"种草"，关于理象国的笔记数量超过2000篇，图文、Vlog（视频博客）制作精良，视频中的产品包装也颇具质感。借助于社交化内容平台私域流量"种草"转化与公域流量助推传播，通过美食内容建立起与潜在消费用户的情感连接，理象国也实现了从流量到客流量的转化链路。

借助于消费升级，一些新消费品牌通过互联网模式快速崛起，方式上并非围绕传统消费品客户留存链路，而是一些新式打法。通过内容化社交平台，网红、KOL"种草"模式，可以帮助创业型品牌快速获得关注和流量，理象国的做法正是抓住了新消费群体的高端消费需求，创造新细分品类。

传统速冻食品品牌无论是渠道还是营销环节大多围绕线下商超，产品研发、搭建生产线、铺货等环节链路较长。此外，在价格战下，由于市场占有率高，不少具有较高溢价权的传统品牌陷入了低价格、低质化的竞争泥淖中，产品难以溢价。由于拘泥于传统的营销模式和销售方式，不少品牌难以进入新市场。

从行业角度来说，一些网红产品基于爆款逻辑建立起来的消费者价值认同难以实现转移，爆款产品带动的是品类的流量，而爆款产品实现长红，最终还是体现在品牌的塑造上。我们以速冻食品赛道为例，与传统企业不以品牌抢占市场，多以单品取胜不同，理象国直接以品牌切入冻品市场，创造出新细分品类，实现"品牌即品类"的市场定位。有业内人士表示，品牌创新与以往模式创新并不同，不是一个简单的复制，也难以被复制。

高品质需求是小众群体需求，作为高频消费品，速冻食品有着新的市场红利。新消费群体对高端品质的消费品的需求确实存在，速冻食品具有高品牌价值的溢价可能性，但需要较强的品牌力和产品力作支撑。

4.4 商业模式创新下的品牌成长铁三角

新的消费浪潮中，企业都在寻求创新的商业模式，在企业品牌快速构建的过程中，我们需要制定品牌成长的铁三角来巩固品牌发展。

品牌铁三角是：创始人言行、坚持做品牌的初心、品牌管理工具，如图4-2所示。

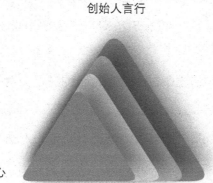

创始人言行

坚持做品牌的初心　　　　　　　　品牌管理工具

图4-2　品牌铁三角

4.4.1　创始人言行

品牌成长铁三角之一是创始人言行，分为"言"和"行"两部分，应言行合一，勤在品牌这件事上磨炼。

"言"在于一个企业创始人的形象与企业形象往往是统一的、互动的，良好的企业家形象能够有力促进企业形象的提升。一旦创始人的不当言论或行为被放到公众前面，最直接的影响就是企业品牌形象受损，在初创企业中创始人管理好自己的公众形象至关重要。

"行"是创始人对于品牌工作的行动力，因为企业或团队需要创始人的品牌领导力，而品牌领导力，正是由员工和创始人之间的"相互作用"产生的。员工们时刻都在观察着创始人给予自己什么样的品牌前景和决心，以及给公司的定位。如果创始人给予的这些与员工们期待的不一样，那么员工们的工作热情就无法被激发。创始人给予员工的激励越低，员工为公司实现目标贡献的积极性就会越低。行动力就是领导者让员工朝着自己品牌发展期望的方向去努力。

（1）明确创始人时间

明确创始人时间主要是指对于企业品牌管理的时间分配。

做品牌就是用有限的资源去满足无限的品牌需求，而有限的资源对于新消费时代创业者来讲，核心就是人脉资源，把人脉资源转换为个人品牌资源，再转换为你的企业品牌资源。对从事品牌工作的创业者来说，人脉是可贵的资源。你必须承认，你需要人脉。成为一个品牌传播家，这将是你的优势。那么如何让自己成为"传播家"？

① 首先是寻找到你的圈子。不管是付费的还是免费的，进圈子后一定要混熟，根据你的属性，找到适合你的圈子。这些圈子本身具有行业或兴趣标签，为你做了细分筛选，当你加入圈子后，是在跟同频的人交流，这样更容易达成共鸣。但当你加入后，一定要表现活跃让别人记住自己，不论是线上还是线下，要学会表达自己，让别人了解你，感受到你的长处。

② 经常加入与行业强相关的活动。可以是社群沙龙、业界峰会、行业展会，也可以是社交活动、共创工作坊。

③ 充分利用好社交工具。我们经常参加一些商务会，有很多合作平台可以发布信息，产品、运营、技术也都有相应的行业论坛、网站可以发布观点，这些平台也可以成为社交的场所。

④ 借力你的上级人脉圈。这一条特别适合初入职场的人，有的时候借助你的上级的人脉也是非常重要的。

⑤ 自己做私域社群。优点是可迅速扩大社交面，短时间接触到更多的人，并

建立起自己的声望。

以上5条，能够让你的人脉活起来，认识一个人只是第一步，要逐渐变成自己的人脉，还有很长的路。

（2）一定要花时间去维护

花时间维护分为输出和输入两个方面。

① "输出"讲的是建立自己的品牌，形成自己的标签文化，让身边的人知道自己擅长什么，甚至主动给大家创造交流的机会。

② "输入"讲的是给别人"帮帮忙"，你这次帮了他，下次他帮你的可能性就很大。

（3）用心去交朋友

无论做什么事，都要用心。用心交朋友不是说处心积虑地讨好对方，而是一种自然而然的行为，比如记住他的名字、样貌、生日、爱好等，就像你对待真正的朋友那样。

（4）人脉的自我扩展

积极地给大家创造对接合作的机会，加上自身良好的口碑，你就可以通过目前的人脉去接触更多的人。

你会发现，一个优秀的品牌人最后会成为资源的中心，这时，作为圈子的超级链接者，他的存在就是价值本身。做到这些，个人品牌会越来越好。

当然人脉也有强弱关系之分，在人脉的话题里，我们经常会看到"有效"和"无效"的说法，甚至很多广告直接打出了"有效人脉"的旗号。意外的是，面对形形色色的人际来往，其实人脉并无有效人脉和无效人脉的划分，在繁杂的人脉关系面前，更需要保持平常心，真心对待每一个人。我们可以按照"强弱关系"来分。

人脉的关系也有强弱之分。一个人在加入很多圈子后，没时间也不可能把每一个都维护好，因此最好能挑选出3个联系最强或最喜欢的圈子深入交往。人脉同理，一个人通常只能维护10～20个强关系，1000～2000个弱关系。

我们要学会强弱关系结合。有的时候并不代表强关系就比弱关系更好，很多时候弱关系有着强关系无法比拟的作用。强关系往往是志同道合的好友，它以深取胜，这些深入的交往会使你们结成互帮互助联盟。弱关系则是你职场上的好帮手，它以广取胜。例如当你要举办大型活动，只有广泛的弱关系才可以带来足够的影响力。

因此你要做的是拥有"广而深"的人脉体系。享受社交的过程，当我问到是否因为维系人脉花费太多时间的时候，优秀的品牌人会说，花时间是肯定的，但是会很享受这个过程，特别是当自己有需求，而身边的朋友会挺身而出帮忙解决的时候。

4.4.2　坚持做品牌的初心

在我看来创始人的第一职位应该是首席品牌官，品牌的事关乎你做这家企业的初心。时代变化，在新消费时代作为创始人，不管你喜不喜欢"抛头露面"，品牌工作都是你最不该推卸的岗位责任。

可能创业的最初你只是为了赚钱，为了克服对没有安全感的恐惧，为了争口气，为了不被人看不起，才白手起家，承担了创业的责任。但是，如果我们往更深的层面思考呢？你是想要谁的尊重？你想为社会做什么贡献？你为了谁？这些发自灵魂的思考，没有哪个首席品牌官能够擅作主张替你回答，而这些才是一个企业品牌真正的价值观。从功利的角度说，厘清这些，才能更踏实、更长久地赚钱。

我们看了无数大品牌由盛转衰的故事，也看到很多小品牌弯道超车的例子，当然，他们背后的原因不一而足，但是总结下来，都是"品牌初心"这个点在本质层面作祟。知道自己为了什么而做这家企业，知道自己为了什么而热爱和不热爱这件事，知道这家公司能做什么、不能做什么，这些绝对不是虚而无用的东西，这事关品牌的创建和发展。

对于品牌这件事，企业内的品牌经理、品牌总监不会"闲到"冒着扣工资的风险来跟老板聊初心。所以，他们就会按照自己的理解去做事情。可想而知，他们怎么做你都会觉得别扭。所以我建议你，花点时间认真思考这个问题，不管你有多忙，这件事就如同饿了要吃饭，的确无人可以代劳。它和财务、战略、产品、人才一样重要，因为品牌事关你做这家企业的初心。

我自己做过老板，也做过集团公司首席品牌官。我知道一个企业的品牌负责人怎样才能把工作做好，其实他能做好最可能是因为有老板全然的信任，但是这很难。

第一个原因，我们倾向于信任欣赏或者喜欢的人，没有办法对自己没感觉或者不欣赏的人产生深度的信任。而内部品牌负责人由于相处的时间久，你往往会看到他的缺点多、优点少。

我在做集团首席品牌官的时候，经常想，信任是如此的重要。然而，等我自己做了老板，竟然也开始对"信任"这件事发愁。我要么对品牌这件事不够关心，不管品牌负责人做什么，都选择忽略，资源也很难支持到位；要么过于关心，继而变成事无巨细、吹毛求疵，不断挑毛病、起疑心。

第二个原因，品牌营销这件事的过程和结果无法量化。品牌营销的一切好或坏都只能凭借感觉去判断。做老板的人往往想要所有的事情都可以量化，都可以被数字所验证。为什么品牌营销的工作那么难以量化？很简单，品牌就是在运营关系，关系的确比较难以打分判定，其中的工作量的标准更是相对模糊。

举个例子：你的品牌负责人是一个真心热爱和追随公司的铁杆粉丝，还是按时上下班、缺少公司情怀的规矩打工人，这两者在工作效果上可谓天差地别。但是如果简单用工作量去衡量，你还真一下子区分不出来谁好谁坏。

后来我总结经验，明确了方向：寻找品牌负责人的时候一定要选择自己直觉上喜欢、欣赏的人（虽然当老板的不能凭借喜好去判断下属，但是喜欢在信任这件事上非常重要），可以是喜欢对方的做事方式、汇报和沟通方式、性格等方面。实际上，好的品牌人在沟通上的情商一般都较高。此外，不明确衡量工作量，60%衡量品牌负责人工作积极性和周围的变化，40%衡量其所提交的工作进展。

一句话：找到一个你不讨厌甚至还挺欣赏的人做品牌工作，没事多跟他讲讲你的初心和情怀。优秀的品牌人会主动想到办法去帮你扩散和传播，继而让更多声音"背后说你们好话"。

4.4.3 品牌管理工具

其实品牌这个工作，在我看来是非常"杂"的一件事，涉及个人的综合素质能力、方法论学习、知识点掌控，涉及心理学、市场营销、传播学等，所以我们需要有一套可行的品牌管理工具。基于"世界品牌第一人"David Aaker的品牌管理理论与实践方法的学习与总结，我研究和创造了一套适合品牌工作者去检验和使用的品牌管理工具，称之为"品牌涡轮模型"，如图4-3所示。

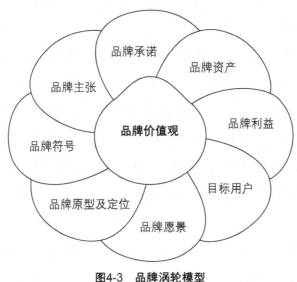

图4-3　品牌涡轮模型

品牌涡轮模型是我多年的品牌工作经验和不断学习总结出来的品牌管理工具，旨在进行或管理品牌工作时能够迅速发现自身企业缺失的品牌工作理论和实践方法。

品牌涡轮模型分为9步，是企业从"0"到"1"建立品牌的战略思考模型，也是对品牌工作者的一个指导模型方法。

第一步，首先是品牌价值观，这是企业品牌的本质，也是你加入这个企业，和这个企业发生关系的核心，认同价值观，理解价值观，树立品牌价值观，统一目标是基本的信念。

第二步，品牌愿景，是企业确定的未来蓝图和终极目标，是对品牌的所有显在和潜在目标受众使用这类品牌的终极欲望的描述。

第三步，品牌原型及定位，在这个过程中，需要不断定位，寻找符合自身企业的品牌原型，找准品牌烙印，洞察消费者行为标签，最终进入到消费者心智。

第四步，品牌符号，这个过程中，我们要深入思考符号编码的传播和品牌资产的长期运用，深挖企业、产品、消费者等元素的相关性，以便于用户的认识、识别、联想、记忆和传播。

第五步，品牌主张，树立在行业竞争环境中的独特身份，从品牌个性、品牌文化、消费者关系中挖掘企业品牌独特性。

第六步，品牌承诺，包含产品承诺，也高于产品承诺，是品牌面向顾客所有承诺的保证。

第七步，品牌资产，要有一种思维观大于执行观的意识，要从投资的角度去看资产升值的价值。

第八步，品牌利益，分为感性和理性的利益，通过绘制消费者历程，挖掘消费者体验时刻，通过产品和服务触达消费者，满足感性和理性的利益需求。

第九步，目标用户，是品牌的基石，品牌建立的前八步都是为目标用户打下良好的基础，同时也是洞察用户，定义最终产品售卖的核心用户群体。

第5章

品牌向上，公关在中，营销向下

5.1 内部品牌化是企业品牌建立向上发展的核心

品牌是有价值的，建立品牌的公司，其价值会是一个没有品牌的公司的很多倍，特别在低利润区域。很多老板在创业的时候，固然认为服务重要，产品重要，供应链重要，却缺少对品牌的思考和重视，觉得品牌这事交给品牌总监就可以了，其实这是错误的。

品牌的建立一定是企业战略思考的核心之一，企业的品牌是一家公司所有竞争力和生命力的外在体现。如果我们想把它做好，必须从企业的上层战略上好好构思，从老板开始挖掘这家公司的品牌基因，要把品牌建立看成企业的基建工程。

那么，作为企业的基建工程，我们是不是就应该马上做出品牌动作，发出品牌声音，建立品牌声誉等？其实不然。在我看来，品牌的基建工程核心必须是建立企业内部品牌文化。

企业内部品牌文化能够极大反映和影响企业品牌建设，一家企业从一开始内部品牌文化能够迅速建立起来，就会为品牌对外的塑造增色不少，也是对内效率的一种提升。但是如果企业内部品牌文化没有建立，可能就会出现以下的问题。

首先，企业的品牌气质与企业内部气质、员工气质、文化气质不一样、不深刻，大家感知到的讯息与企业员工传达出来的讯息就会发生错位，这种错位就会导致大家对于企业品牌认知出现巨大差异。

其次，企业如果没有内部品牌文化的认知，那么这家企业的品牌存在感就会被弱化，品牌意识极其淡薄，以至于出现输出的物料、海报、内容上都没有提及企业名称，没有企业Logo，也没有企业主营业务的情况，让人意识不到它的存在，而员工却觉得好像全世界都应该认识自己的品牌。

最后，品牌行为不统一。品牌与行为之间的不统一也是企业内部品牌文化没有建立的时候可能出现的情况。比如，我们已经确立了企业品牌文化和品牌调性，那么我们在建立品牌的整个过程中都会围绕着企业品牌的核心灵魂去做。这个过程，我们不能偏移，不能大调整，可以不断持续改善，不然建立品牌就会失调。

一个企业从建立初期，如果内部员工都不能对品牌有良好的认知，就会出现行为和品牌不统一。再往深入，就是人的气质呈现不出来，让别人无法明显感知到。这就是企业内部品牌太弱导致的品牌理念和行为不统一、不一致。

因此作为企业战略思考的核心，企业内部品牌文化有以下几点应注意。

（1）品牌传播对内一定要早于对外

每个员工都要对公司的品牌有一种认知感、荣誉感、归属感和责任感。很多人觉得品牌传播一定是先对外的，事实上，这个观点是错误的，只有企业内部对品牌的价值观、愿景、调性等认知深刻之后，大家才能共同完成品牌对外的建立和传播。当大家充分参与到产品的深刻认知后产生了责任感和荣誉感，就会自发对品牌做出贡献。

（2）企业的每个内部员工都需要具有品牌内部文化建设的参与感和责任感

部分企业的品牌市场部往往是在闭门造车，当然，这里面包含很多原因，有企业的组织架构及基因问题，有品牌负责人的综合能力问题，有企业"部门墙"的问题，也有企业老板对于品牌这件事的重视程度问题等。事实上，一个真正的企业内部品牌文化应该让每一个员工，尤其是企业管理层都参与进来，进行深刻认知、集体风暴、挖掘定位，每个人都给公司提供一些品牌联想、品牌主张、品牌心理地图的建议。全体员工因为有参与，才会对品牌有深刻认同，不管是从策略阶段、传播阶段，还是渠道资源阶段等都需要参与其中，共同出谋划策。

很多时候企业员工主动转发公司新闻，帮助公司宣传、供稿，或是提供外部辩护，这都是员工积极参与品牌建设的结果。反之，非常负面的案例就是完全不让市场和品牌部门之外的人参与，甚至公司的领导层和老板自己都漠不关心，总觉得产品和生产、设计、供应链、物流等其他所有事情都高于品牌建设，这才是本末倒置的大问题。

（3）设立明确的奖惩制度

基于品牌工作的衡量标准很难量化，所以对于品牌工作需要设立明确的奖惩制度，实行OKR（目标与关键成果）考核，由企业老板或高层人员领导，对公司内部实行一系列的品牌标准准则。比如品牌里的视觉识别（VI）系统，有些时候对于品牌极度重视的公司，其VI使用规定极其严格，每个品牌市场部的工作人员在输出VI系统Logo识别的时候，都会附上一份使用说明手册，这些公司会让我们感觉到他们的谨慎和重视。

有些公司对品牌不重视，企业的Logo随便改变形状和颜色，对外输出没有代表公司统一形象，从而混乱，没有统一性。也有一些公司内部鼓励大家多多扩散公司业务，给公司品牌做背书、做扩散；也有一些公司公开惩罚，或是向大家表明不希望发生损毁公司品牌的事。只有公司的内部管理奖惩明确，企业内部的品牌文化才能建立起来；一旦公司管理团队有非常强烈的品牌意识，公司的企业品牌文化就会建立得非常快；一旦没有这种意识，甚至从内心深处排斥品牌建设，那么自然就会影响整个团队、整个公司。

企业老板或者高层管理者应该对企业品牌文化负责，当一个企业的品牌文化弱的时候，管理者就该反思一下，是不是自己对品牌的认知有态度问题。所以对于当下企业战略内部品牌化是品牌向上发展的非常重要的环节。

5.2 公关是企业承上启下必不可少的环节

公共关系是一家公司建立品牌的重要环节，很多企业认为公关是企业面临危机的时候使用的手段。在我看来，一家企业从品牌建立，甚至企业建立，就必须具备公关思维。公关在有的时候就是一个真正能够实现企业品牌低成本出名的重要手段，也是品牌和营销之间的协调剂，如果你能使用好公关手段，那么在企业的品牌建立阶段就会非常得心应手。

在新消费者时代下很多初创企业没有认识到公关能起多大的作用。公关在一家企业刚刚创办时尤为重要且最有效，好的公关能直接影响初创企业的品牌认知度、口碑度、公司的营收及品牌声誉，甚至还有投资的机会。

很多老板在企业创立或者经营中并没有看到公关的重要性，他们粗浅地认为一个好的公关行为能通过口碑和个人网络进行企业传播就够了，这点很重要，但却远远不够。公共关系（特别是媒体报道）将让你的企业传播到远超你想象的范围。

接下来就是你应该认真对待公关的理由，不管你是自己做公关还是寻求行业专家的帮助。

其一，品牌创立初期，关键媒体的报道和传播会将你的品牌介绍给公众。假如，我的企业要进军东南亚市场，泰国是我的第一站，那么泰国的《民意报》《即时新闻》《国家商业报》《曼谷邮报》《星暹日报》以及主流网站，它们都是获得公众认知的完美渠道。当你翻报纸或浏览新闻网站时，经常会读到一家新公司的品牌故事。

公关本质上就是品牌传播及宣传，通过不同的媒体渠道让品牌被公众和相关利益者所知。现在互联网时代，口碑营销和社交媒体应该成为公关的重要组成部分，如果将这些与媒体报道相结合，品牌知名度将获得跨越式提升。

其二，我们可能曾在百度上搜索公司，却发现它排名并不靠前。新闻的特点就是让搜索你的潜在客户可以通过众多媒体报道找到你，而不是百度搜索中排名很低的单个链接。

要想让你的初创企业在搜索上做得好，你就要通过搜索引擎优化（SEO）来优化排名，以便让人们能够在网上轻松地找到你的品牌。SEO并不是快速解决方案，提高搜索排名需要共同的努力。媒体报道能极大地提高你的搜索引擎排名，尤其是新闻报道中的回链，能形成强大的反向链接网。你也应该尽早进行你的企业品牌的搜索引擎优化。

其三，如今的消费者聪明且具备充分知情权。在潜在客户购买你的产品或使用你的服务之前，他们会通过网络去探寻或研究你的品牌，也会通过网络阅读评价并了解你的口碑和声誉。特别是当你还不怎么为人所知时，著名新闻网站和出版物的报道将给予你的服务、产品以高信誉度的保障。

如果记者喜欢你提供的服务，他们的专业报道及口口相传的好评将是最好的代言。许多记者都很有影响力，忠实的读者会将他们的话奉为"金科玉律"，而引述了说你的产品很棒的用户言论的新闻则会为品牌增加更多的信誉度。

其四，每个初创企业在发展过程中都需要融资，而公关会增加你获得融资的机会。风险投资家、政府机构都在新闻中寻找投资机会。正面报道会突出你的商业价值和增长潜力，从而吸引更多关注。

其五，想成为值得信赖的品牌，不仅需要良好的产品和服务，最重要的是让自己成为思想领袖，并成为该领域的专家。作为第一步，你应该为目标媒体起草意见文章，并在行业新闻报道中发表评论。当你个人或企业品牌开始得到认可时，你可以在行业活动中发表演讲，与利益相关者分享你的见解。

成为思想领袖是个渐进的过程，假设我是投资者或消费者，我更愿意相信一个由有知识的商业领袖领导的初创企业，而不是刚刚加入到创业行列中的无名公司。

其六，许多记者（专注于初创企业的记者）都非常了解他所关注的行业，他们已经见证了许多初创企业的兴衰。在接受采访时，记得和他们坐下来喝杯咖啡，了解他们怎么看你的产品和服务。开诚布公地进行对话，你可能会惊讶于他们的建议，这可以帮助你重新考虑自己错过的东西。

公关能为你的初创企业在面向市场时增光添彩，能极大地推动你的企业增长品牌声誉。并不是每一篇新闻报道都会为你拉来投资，但你所采取的每一步正确的公关策略都将说服你的潜在客户，增强你的品牌可信度，并提升品牌声誉，最终让你的初创企业脱颖而出。

那么，如果我们要重视企业公关效用，具体应该怎么执行呢？

第一，把企业公关实质定位在内容上。想要有好的品牌传播效果，就必须要有好的内容做支撑。而传播的内容并不一定是要关于公司或者产品的，其实很多内容是来源于工作生活中的积累和发现，可以是对于所在行业现状的分析、对公司前景的预判或者是对行业政策的解读等。但要说传播效果最好的，还是推荐那些带有情感属性的内容，因为具有情感色彩的内容是非常能够引起用户共鸣的。

第二，传播渠道的选择不能只关注新媒体。虽然现在新媒体正火，但对于传统门户网站，其实也是很有必要的。毕竟这些门户网站，相对于新媒体而言，拥有更强大的采编团队，同时权重也高，他们也能够吸引更多的目标用户，而且他们相比于新媒体和自媒体更有权威性，这其实是很多受众更看重的。

第三，有选择地参与活动。无论是自己举办活动，还是参与行业的活动，都是很好的传播渠道，不过一定要有选择、有计划地参与。"出镜率"虽然很重要，但也要配合公司整体的公关宣传策略，既不能扎堆也不要"三天打鱼两天晒网"，毕竟，如今信息迭代的速度非常快，而我们的用户也是非常"健忘"的。

5.3 营销是战术，是企业打仗的命脉

我们之所以说营销是战术，是因为营销的本质是落地和执行。当下，各家企业推出无穷的营销套路。不管是什么时代，我们只要将自己的视线关注在消费者身上，营销就会非常重要。

我们的营销怎么做呢？在我看来，首先企业自身要建立好护城河，要做企业内部创新和4P变革。同时面对新环境下的营销创新，品牌圈的马太效应越来越明显：一方面传统的品牌主们反映生意越来越难做，总是感觉传播出去似乎收效甚微；另一方面新消费时代下崛起的完美日记、HFP、花西子这样的互联网新锐品牌在消费者心中"种草"种到根本停不下来，引得消费者们争相购买。所以在当今时代变革下，"种草"营销就十分重要了。

值得一提的是，一个品牌是否取得成功，主要看消费者的口碑和反馈，消费

者的内心认同感对品牌十分重要。如今，消费品已由产品价值逐步延伸到满足消费者精神新需求的价值上，这也是品牌基因创造新价值的契机。在互联网迅速引爆制造话题，极速增长之下，新消费品牌在消费市场仍然具有无限想象空间。

国产彩妆品牌"完美日记"成立不到3年，通过"种草"营销的玩法，2019年就拿下天猫"双11"国产彩妆销量第一；护肤品牌HFP靠着"种草"营销一路高歌猛进，短时间销量就突破10亿元大关，走完了其他品牌要花二三十年才能走完的路；而花西子口红开售仅5个月，就凭借"种草"营销完胜很多老品牌，登上天猫口红单品排名榜第7名的位置；珀莱雅利用泡泡面膜对顾客"种草"，在2019年7月登顶"抖音美容护肤榜"第1名，卖出80万盒。

在我们开始研究"种草"营销之前，我们必须明白一点：不是所有品牌都适合"种草"营销。从菲利普·科特勒《营销革命4.0》中经典的5A理论模型（图5-1）来看，传统消费者的购物路径是：意识—注意—询问—行动—拥护。通常来说适合"种草"的行业，消费者在询问和拥护环节参与度较高。

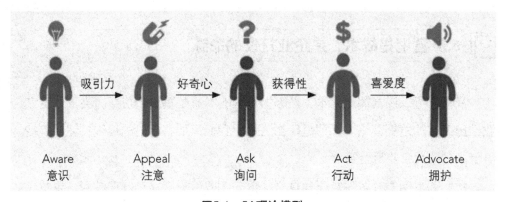

图5-1　5A理论模型

以前的互联网时代，我们常称为信息碎片化时代，而现在的移动互联网时代，我们定义为信息粉尘化时代，这个时代的用户更信任"真实感""体验感""口碑感"，还有"情绪感"。

中心化媒体时代，一个品牌想要迅速获取目标用户的注意力，请明星代言、在大媒体平台投放广告就能做到，但在流量时代，媒体平台已经去中心化，用户的注意力过度分散，平台上的用户被技术手段划分到更为细致的领域，这个阶段的消费者已经变得不那么信任传统媒体传输出来的近乎完美的品牌信息，反而更信任不那么完美但能带给大家真实感的内容。"种草"营销恰好可以通过人与人的情感沟通，帮助消费者感知到品牌的价值。

"将内容进行种草"这种营销方式能够发展，得益于电商平台和社交媒体之间链条的打通，以及社交电商平台出现之后，多媒体和全渠道的高度整合。过去，消费者看到美妆品牌的广告，心动之后，要走到线下门店才能实现购买，在这个过程中我们的用户流失率是非常高的。但社交电商出现之后，媒体和渠道高度整合，用户的购买链路变成了：KOL疯狂安利—KOC不断印证—素人不断UGC—当你看到内容非常心动—忍不住下单！这样看到即能买到的购买路径，可以提升内容"种草"的变现路径，也是品牌们青睐这一营销方式的重要原因。

如今的消费者圈层呈现出日益细分及社群化的趋势，他们受好奇心驱使，喜欢猎奇，信任自己小圈层的领导者。这个阶段，作为品牌主只有拿到进入社群的入场券，成为圈层中的一员，才能与年轻消费者们玩在一起。垂直细分不同兴趣圈层的KOL恰好就是掌握了圈层话语权的人，他们手中握着不同用户社群的"入场券"，可以帮助品牌更加轻松地融入目标用户圈层中，让他们用更感性的方式"种草"产品。

市场上试图通过"种草"实现生意增长的品牌不胜枚举，但能够"出圈"并得到大家认可的却少之又少。我们不妨研究一下：利用好"种草"营销的品牌都应该怎么做。

（1）为产品注入爆款的基因

在整个的营销阶段，产品是首要的前提。产品质量的保证是成为爆款关键，想让产品成为爆款，重点是为产品注入爆款基因。想要为产品融入爆款基因，除了拥有不错的功效性，还要能够制造社交货币、拥有高性价比的价格，内容要足够有趣，最好能够激发消费者的好奇和从众心理。（注：高性价比的价格不是让品牌走低价路线，而是找到消费者心理价格。）

（2）科学化布局"种草"传播社交矩阵

我们不以粉丝的数量定论，当我们在定制"种草"策略的时候，选择粉丝越多的KOL越好吗？也许不是。因为并不是所有的KOL都能提升品牌的销量和声誉。对于美妆行业的品牌而言，根据品牌定位和营销需求，找到与品牌特征匹配度高的KOL进行产品"种草"，才能让推广成功。

比如，完美日记每年都会在大促节点之前的3月、4月、9月、10月的时间分别上线新品，并依靠小红书、微博、抖音等"种草"平台进行为期一个多月的爆款运营，然后通过"6·18""双11"这样的线上大促节点，推动销量爆发式增长。在KOL的选择上，品牌主并没有孤注一掷选择大牌明星和头部KOL，而是广泛投放腰部以下小众KOL及KOC。完美日记KOL投放矩阵如图5-2所示。

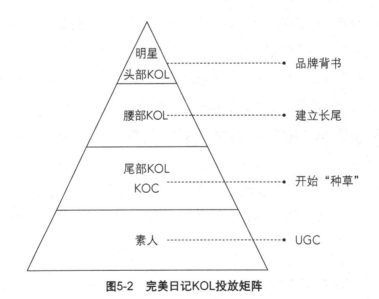

图5-2　完美日记KOL投放矩阵

完美日记基本的"种草"逻辑可以概括为：首先与少量明星和头部KOL合作，他们的粉丝规模和号召力较为庞大，内容质量保障性高，前期可以为产品的品牌建立信任背书，并引发关注。其次，大量选择覆盖领域广、粉丝互动率高且信息传达更为精准的腰部KOL进行产品"种草"，形成短期大量刷屏效果，加强渗透。再次，挖掘尾部垂直KOL或KOC，进行长尾内容传播及PGC（专业生产内容）。最后，引发更多UGC自发传播，巩固口碑效果。

这种金字塔形"种草"比例的优势在于：可以尽己所能将每一分预算花在刀刃上，快速准确地让产品在社交平台刷屏，被用户熟知。

成功经验告诉我们：1个信任流量大于1000个泛流量。不是只有选择头部KOL才能引爆活动，根据品牌营销需要，有目标、有选择地找到对的人，加强品牌的长期的传播渗透才是明智之选。

（3）有趣且有用的内容＋产品利益刺激，缺一不可

与传统媒体时代单向传播的营销不同，"种草"营销需要通过内容，刺激用户讨论、转发，进行二次传播，最后达成销售转化。品牌找对KOL之后，在合适的平台传播有故事感的内容，可以达到软化广告硬度的作用，引起消费者关注，挑起他们关注的兴趣，刺激消费者主动搜索。在购买决策环节，相比于有趣的内容创意，专业有用的内容更能引导消费者购买，最后再融合诱人的促销，刺激消费者下单就是很正常的事。

内容"种草"是一种极度依赖"KOL或KOC＋社群传播"的营销形式，它的优点就在于可以短期迅速获取用户关注，这种方式吸引来的用户生命周期都很短，一旦预算不足，脱离了产品推荐，用户就很有可能会迅速离开。因此，如何维持爆款的吸引力成为品牌们亟须解决的问题。

① 有节奏高频次地打造爆款。打造爆款更长远的意义在于：它不仅能在长时间内带来高销量，还能带动企业的其他产品销售，帮助品牌"出圈"。想让品牌一直火下去，可以通过有节奏地打造爆款，让爆款的热度和生命力得到传承。

② "种草"要"种"进朋友圈，"种"进视频号，"种"进直播环节。想让你的顾客转换成品牌粉丝，就要挖掘顾客更为个性化的需求，拉近与他们的距离。

③ 周期化运营"种草"内容。"种草"营销对消费者的影响时效性非常有限，想要维持它的热度，"种草"内容的周期化运营是个可取的办法。

④ 挖掘线下流量。一直以来，美妆品牌的内容"种草"都聚集在小红书、抖音、淘宝这样的线上平台，但面对越来越多的玩家入局，线上的流量抢夺已经进入白热化状态，而线下渠道仍然存在较大的增量空间。

"种草"营销是场持久战，短期流量抓取要快和猛，长期流量承接要稳。品牌主们若想通过"种草"营销留住用户，就要开发出能够满足消费者功能和情感需求的产品，做好从前期营销蓄力到后期引导用户体验分享每个环节的承接，让用户的口碑持续为销量护航。

中篇
新消费时代的品牌建立

第6章

掌握品牌建立的方法

6.1 品牌建立的七步思维

在信息爆炸、时间碎片化的现在，人们每天都会接触大量的品牌，但只有其中的少部分能够引起人们的注意，而企业建立品牌的目的就是让更多的消费者对品牌形成认知，并不断加深认知。在市场竞争日趋激烈的当下，要想成功建立品牌并让更多人认知品牌，就需要树立正确的思维，遵循以下七个步骤建立品牌，如图6-1所示。

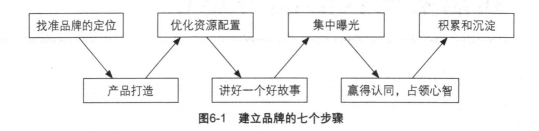

图6-1 建立品牌的七个步骤

（1）建立品牌第一步：找准品牌的定位

成功的品牌之所以能够实现销售业绩的迅速增长，就是因为它满足了消费者的某个购买动机——也许是一个中肯的使用承诺，也许是一种情感上的契合。而品牌在建立之初就需要寻找到这样一个点，即进行品牌定位。品牌定位是企业对品牌在文化取向及差异化方面的决策，是建立一个与目标市场相连的品牌形象的过程，即为品牌确定一个适当的市场位置，使品牌在消费者的心中占据一个特殊的位置。

品牌定位的优势体现在两个方面。首先，具有明确定位的品牌能够与其他品牌区分开，从众多同质化的品牌中脱颖而出，从而在消费者心中形成一定的地位。其次，品牌定位能够定位企业形象，有利于占据品类优势。人们在选择某一类产品时，最先想到的产品往往最具优势，比如在购买精油时，很多人首先会想到阿芙，虽然阿芙的产品并不只有精油，但精油是其主打产品，其广告语也为"阿芙，就是精油"，直接用品牌定义精油这一品类，将品牌形象塑造成了品类代表形象，从而深化了消费者认知。

（2）建立品牌的第二步：产品打造

在明确品牌定位后，接下来要做的就是根据品牌定位打造产品。如何打造好的产品？首先，企业需要建立产品认知，知道产品是干什么的，即明确三个问题：要打造什么样的产品、如何打造产品以及为什么要打造这样的产品。

其次，在打造产品的过程中，企业要关注产品质量，塑造产品个性，明确产品价值。好的产品质量是打造优质产品的基本要素，而塑造产品个性、打造产品卖点是产品能够从一众同质化产品中脱颖而出的前提，同时明确产品价值能够根据产品价值确定产品的目标消费者，从而进行精准营销。

最后，企业需要打造产品结构，巩固品牌地位。一个稳健的产品结构，一般由四种产品组成：吸引消费者、引来流量的引流型产品；依靠销量获取利润的中低端销量型产品；盈利水平较高的中高端利润型产品；集企业核心技术和品牌理念于一身、树立品牌形象的高端形象型产品。

（3）建立品牌的第三步：优化资源配置

在建立品牌的过程中，优化配置资源对企业来说也是一项必须克服的难题。企业要综合分析建立品牌过程中需要的各种资源，同时合理调配人力、资金、渠道等资源。同时企业需要注意，品牌需要适当的高投入。在当今这个信息爆炸的时代，要想让更多的人了解到品牌，就必须在品牌宣传上投入足够高的成本。

（4）建立品牌的第四步：讲好一个好故事

在建立品牌的过程中，使品牌变得有内涵、更容易被消费者接受的一个重要方法就是塑造一个品牌故事，让品牌不再是一个虚无的概念，而是有呼吸、有脉搏、有血有肉的一个形象。

一个品牌有了故事，就能够由于其具有的故事性不断传播，其潜在消费者群体也会不断扩大。比如，阿里巴巴的创始人马云的故事和阿里巴巴的品牌一起在故事的传播中被无数人接受并传播，许多故事受众也成了品牌的潜在消费者。

品牌想要通过一个好的故事，将品牌信息传递给消费者，就需要让消费者产生共鸣。什么样的故事能够使消费者产生共鸣呢？在讲述品牌故事时，需要注意以下三点。

第一，背景真实化，即将故事的背景放置在真实的生活环境中，使故事发生的环境和背景描述更加贴近消费者的生活环境，让其感到故事是真实的。

第二，人物模糊化，即不要将人物的能力、经历和性格描述得太详细。人物描述得太具象，虽然能够使人物形象更加鲜明，但是可能会使没有经历过这些故事的受众感到迷惑，从而降低对故事的亲切感和代入感。

许多企业在讲述品牌故事的时候都注意到了这一点。比如阿里巴巴在讲述品牌故事时，就模糊了马云的专业能力，而着重讲述其不折不挠、努力奋斗的故事。这更能够将故事的受众带入故事中去，有利于故事的传播和品牌的推广。

第三，情节具有借鉴性。大多数故事并不是独一无二的，可能拥有相似的情节，这些情节大多数是借鉴了普通人身边发生的事情。大多数互联网公司的故事看起来都是相似的，都借鉴了生活中某些情节，这不仅能够使故事情节更具可看性，也更能使故事受众产生共鸣。

（5）建立品牌的第五步：集中曝光

品牌的建立需要企业在确定了正确的营销方案之后，将各种渠道的营销信息集中在一段时间内曝光，以便给消费者造成冲击，让消费者对品牌产生深刻的印象。在这一阶段中，企业可以将策划好的营销方案集中放出，例如在微博、微信公众号、短视频直播平台等渠道投放营销信息，同时在线下同步开展促销活动，通过多渠道向消费者传递品牌信息，使更多的消费者快速认知品牌。

（6）建立品牌的第六步：赢得认同，占领心智

建立品牌的最根本目的就是将品牌深深打入消费者的内心，使品牌获得消费者的认同。在这方面，企业可遵循快、准、狠的营销战略。

快：快速推出新品，紧跟时尚热点。快速推出新品能够满足消费者对于新鲜体验的追求，同时能够紧跟时尚，吸引消费者的关注。比如，在产品的推出速度和多样性方面，完美日记无疑是佼佼者，其推出了多样的口红色号和眼影盘，如与Discovery探索频道联名推出了不同色调的眼影盘，如图6-2所示。同时还与《中国国家地理》杂志、奥利奥、大都会艺术博物馆等推出了多样的联名产品，如图6-3所示。在一次次的产品出新与营销的过程中，消费者对于完美日记的印象也在逐步加深。

图6-2　完美日记与Discovery探索频道联名推出的眼影盘

图6-3　完美日记与大都会艺术博物馆联名推出的产品

准：多渠道投放，准确、全面地击破各个渠道。完美日记在这方面做得也十分出色，在建立品牌之初，其借助小红书平台，通过"分享生活＋种草安利"的方式吸引了大量消费者的关注，逐渐渗透消费者的心智，并形成了品牌影响力。随后，其又通过在抖音、快手、B站等平台大量投放广告视频，以影响更多的平台用户。这种饱和式投放的背后暗藏了一个营销原理：广告投放做得足够多，就能够首先占据消费者心智。

狠："狠"不仅体现在广告投放方面，也体现在产品销售的策略上。还以完美日记为例，为了快速建立品牌，完美日记推出的多为100元以下的美妆产品，同时通过各种促销手段，如第二件半价、1元购、买一送一等抢占市场。价格促销战使完美日记失去了短期利益，但却快速建立起了品牌。

（7）建立品牌的第七步：积累和沉淀

当今时代各种品牌层出不穷，各自有各自的优势。然而相当一部分的品牌都只是昙花一现，很快就消失在消费者的视线中。实际上，想要品牌长久地在消费者心中占据一席之地，在市场竞争中占据份额，还需要积累和沉淀。

品牌的积累和沉淀意味着不能进行过度营销。过度营销意味着大量的营销投入，这在很大程度上是一场豪赌。如果输了，企业将损失巨大，即使赢了，企业也有可能元气大伤。此外，正所谓物极必反，过度营销可能会导致消费者抵触。这些都会限制品牌的发展。因此，企业应做好品牌积累与沉淀，警惕过度营销。

品牌需遵循以上七步走的方法，在不同的阶段执行不同的策略才能够推动品牌的建立和成长。

6.2 品牌快速建立三招方法

建立品牌的过程中有一些实用有效的方法，掌握这些方法能够让我们少走弯路，快速建立品牌，如图6-4所示。

图6-4　品牌快速建立的方法

（1）模仿法

模仿法听起来不高级，但很实用。比如，功能性饮料东鹏特饮就通过模仿红牛而成功建立品牌。

正是由于东鹏特饮在广告语、包装等方面的模仿，让东鹏特饮走进了消费者的视线。而其能够真正发展起来，与其打造品牌的差异性密切相关。

此外，在品牌营销方面，红牛一直在体育领域开展大规模的营销活动，通过赞助各大体育赛事和体育品牌进行品牌推广，而东鹏特饮却将营销方向定在了影视娱乐营销方面，与《老九门》等电视剧进行合作，扩大了其在年轻消费群体中的影响力。

以模仿起步，同时在建立品牌的过程中打造出了品牌特色，品牌营销策略也能够更有效地触及目标消费群体，这些都是东鹏特饮能够成功的原因。

模仿法建立品牌有四个要点。

第一，永远只模仿领域内的第一品牌，即模仿的一定是大众熟知、具有超强影响力的品牌。

第二，品牌名设计不能相似。比如东鹏特饮与红牛相近，但东鹏特饮不能叫"黄牛"。一旦取名相似，会陷入假名牌的陷阱，这样的操作只会葬送品牌的前程。

第三，在不侵犯知识产权的前提下，包装可以设计得相似一些。产品包装能够给消费者留下深刻印象，并在很大程度上影响着消费者的选择。红牛有红罐也有蓝罐，但红罐的销量要远远高于蓝罐，因为消费者对红罐的认知度更高。加多宝与王老吉为红罐的包装竞争多年，也是因为消费者普遍已认知了红罐的凉茶。

第四，在实力相差悬殊的情况下，应错开消费群体和市场。比如东鹏特饮将消费群定位成年轻消费群，就是为了形成竞争优势，而在建立品牌之初，红牛的市场集中在一二线城市，东鹏特饮便主打三四线城市。寻找到领域内第一品牌触及较浅但同样存在需求的人群和市场，品牌的建立与发展才会有根基。

（2）借光法

借光法即借别人的光建立自己的品牌，常见的操作有以下几种。

① 借大品牌的光。比如蒙牛刚上市时，伊利是当时行业里的领先品牌，于是蒙牛表示自己的品牌是致敬伊利，目标是打造行业第二品牌。这样的定位关联使蒙牛借了伊利的东风，品牌也快速建立了起来。

② 借时事热点。比如某年苹果发布会的邀请函"撞脸"美的电磁炉，美的微博官方账号就借势进行了一波营销，如图6-5所示。

图6-5 美的借势营销

借热点营销时，要注意热点的时效性和热点与品牌的贴合性，即要在热点发生时及时抓住热点进行借势营销，同时，选择的热点必须与品牌定位、品牌目标受众等相符，能够建立合理联系的热点才是值得借的。

③ 借名人的光。为扩大品牌的知名度，企业可请明星为品牌代言。在选择明星时，需要分析明星的定位与品牌定位是否一致、明星是否有较强的影响力、有无负面新闻等，选择明星代言在很大程度上能够将明星的粉丝转化为品牌的用户，扩大品牌影响力。此外，直播带货是当前十分火热并且十分有效的营销手

段，因此企业也可与知名的主播合作，这些主播同样有强大的粉丝基础及影响力，能够快速提高品牌的知名度。

（3）排他法

排他法就是建立品牌概念壁垒，突出品牌特色。那么怎样才能做到呢？答案就是设立标准，设立一个只属于品牌的标准。设立标准有三个方法：把行业专属变成企业专属、设立数字标准、将产品做到极致。

什么是把行业专属变成企业专属？以张裕解百纳红酒为例，在红酒领域里，解百纳是一种红酒酿造工艺，张裕注册了解百纳这就等于把行业的通用名词变为了企业的专有名词，由此国产红酒品牌形成了两个阵营，一个是张裕解百纳，一个是其他品牌。与之相似的还有喜之郎，喜之郎率先推出了"果冻就是喜之郎"的广告语，其也因此成了果冻的代名词。

为什么要设立数字标准？与常用的文字相比，数字的辨识度更高。品牌里一旦使用了数字，同品类的品牌再用就有冒牌的嫌疑。六个核桃饮料大火后，类似的概念曾出现过，但没有很好地发展起来。而金龙鱼调和油提出了一个"1∶1∶1"的概念，很多人都不知道这个概念指的是什么，但能了解到其成分配比是科学、均衡的。即使其他品牌的食用油也有科学的配比，如设定配比是"2∶3∶5"，也难以让消费者信服，品牌需要付出更多的教育成本。再如金六福珠宝、六神花露水等，这些品牌名称里都有一个数字，其品牌的辨识度也会更高，容易在同类品牌中脱颖而出。

将产品做到极致就是将产品技术、产品质量、产品体验等做到极致。比如提到小罐茶，许多人都会想到大师制作、手工炒茶，这些都能够拉开其同其他品牌间的差距。再如在脑白金上市之初，其提出一个概念"给你婴儿般的睡眠"，这对于失眠的人而言无疑是极具吸引力的。还有厨邦酱油提出的"晒足180天"，这个有数字标准的概念能够让人感受到产品制作的科学严谨。

遵循以上三个方法建立品牌，企业能够在一定程度上避免建立品牌过程中的一些陷阱，加速建立品牌的过程。

第7章

品牌不能轻易定位

7.1 重学品牌定位

随着经济和科技的不断发展，企业间的竞争也日益激烈，如何拥有竞争优势、保持可持续发展，成为许多企业共同研究的课题。企业要想实现长久的发展，必须深刻认知外部环境和自身条件，进行自我剖析、自我认知，寻求发展新方法。进行品牌定位无疑能够为企业发展注入强力推动剂，但在实际操作中却困难重重，为更好地进行品牌定位，我们有必要重新认识品牌定位。

首先，我们需要站在企业的角度思考"我们是谁""我们的价值在哪里"。要回答这两个问题，我们就需要了解企业的核心是什么；对于消费者而言，企业的价值主张是什么；与竞争对手相比，企业的定位是什么；该以怎样的方式讲述企业故事等。这些内容全都与企业定位密切相关。

什么是定位？在经典著作《定位》一书中，艾·里斯和杰克·特劳特提出了"定位"这一概念，并给出了定义："定位不是你对产品要做的事，而是你对潜在客户要做的事。也就是说，你要在潜在客户的头脑里给产品定位。"经过几十年的发展，在定位思想逐渐普及的当下，这一定义依然有用。

然而，随着时间的推移，许多人都了解了获取产品、品牌认知的"定位的方法"。此外，在数字化时代，我们必须认识到，认知必须反映事物本质，而非引起欲望或提供诱饵。在各类数据爆炸的当下，企业也不可能像20世纪70年代那样，仅凭广告就能影响消费者认知。

如今，人们对企业的认知都基于事实真相，因此，我们必须重新认识定位。在为企业定位时，我们要思考两个问题：我们对产品、品牌和企业的认知是否反映了企业的基因？认知是否真实可靠？只有在对企业有真实、深刻认知的前提下，才能够进行准确的品牌定位。

其次，要先了解品牌定位，再进行品牌策划。一些企业在品牌策划方面投入了大量资金，但却收效甚微，其中很大一部分原因就是没有做好品牌定位便贸然进行品牌策划。若在研究定位之前，在我们还不了解企业的基因是什么，还不知道企业要填补的市场空白是什么的时候，便开始进行品牌策划，无疑是操之过急的。

定位能够展示企业在市场中的独特性和竞争优势，也能够明确品牌所面向的目标消费者，因此，在进行品牌策划时，我们必须要先了解企业的基因、战略、市场优势等，明确企业定位，再在此基础上进行品牌策划。

再次，品牌定位要按动"情感"按钮。品牌策划是营销中的情感内核，能够实现信息的传递，而传递信息的目的就是要尽可能地触动更多的"情感"按钮。品牌是企业战略的情感表达，即通过文字、声音、颜色、设计等表达企业的战略。好的品牌主张往往源于精准的品牌定位，这其中最难做的工作是分析企业的基因，并将基因与企业的品牌主张结合起来。

例如，蜜芽是母婴行业的知名品牌，其价值主张就是"通过简单、有趣的购物体验帮助中国妈妈寻找更多放心、安全、高品质的婴儿用品"。品牌主张其实就是定位说明的一种感性的表达方式，通过表达情感来说明品牌定位。

因此，品牌是企业情感的表达，定位则是对企业在市场中的作用和价值、现在和未来的发展前景的理性描述。同时，定位还对"我们是谁""我们的价值是什么"两个问题给出明确的答案。

最后，定位意味着牺牲。定位在寻求差异化特征时，需要做出很多牺牲。例如在建立品牌时，我们可能会想让自己的品牌能够面向所有消费者，但当涉及定位时，我们必须学会选择，牺牲一部分内容。我们要明确重点关注的是什么，最想让消费者看到的是什么。

定位明确了企业在一定时期内的地位和关注重点，同时并不意味着我们必须要放弃其他方面的内容。亚马逊为我们提供了一个经典案例。

1994年，杰夫·贝索斯在创建亚马逊之初就有远大的抱负，他不希望自己的公司仅仅是一家在网上销售图书的书店，他为公司的发展制订了计划。1997年，他在给股东的信中写道："我们的目标是加快发展速度，巩固并拓展目前的地位，同时，我们还要不断寻求其他领域的网上商业机会。在我们准备进入的目标大市场中，我们看到了重大机遇。"

然而，在亚马逊创办之初，贝索斯并没有公开公司的长期计划，因为在公司成立之初，如果将目标定得过高，会让人对公司的发展产生怀疑，同时他也没有足够的证据来证明自己有能力实现公司的长远发展目标。

鉴于这种情况，贝索斯先从网上售书开始做起，当公司获得了一定的声誉后，再开始慢慢地增加公司的业务，调整公司的发展目标。如今，亚马逊的销售领域已覆盖方方面面，成为美国最大的网络电子商务公司。

贝索斯在创办公司之初并没有说自己要成立一家覆盖全领域的网络零售商，而是先从能够轻松掌控的小市场入手，当公司发展成熟后，再开始开疆拓土。

品牌定位不是自我标榜，而是简单且理智的，它能够解释以下问题：企业提供什么样的产品或服务？企业向谁提供产品或服务？企业的产品或服务为什么重要？企业的产品或服务是怎样体现出自身差异性的？

品牌定位说明将强调企业的产品或服务的价值是什么，即说明企业能为消费者带来哪些独特体验。从本质上讲，品牌定位说明描述的是企业在行业中所处的位置，即表明企业要将哪一细分市场作为战斗的主战场。

品牌定位是企业战略及其最终希望呈现的形象之间的桥梁。一旦确定品牌定位之后，这个定位就是企业做的任何事情的关键。从开始进入市场的战略，到雇用具备专业技能的员工，再到资源的投入方式等，都要围绕品牌定位来进行。

7.2 品牌定位的误区

在进行品牌定位时，我们需要了解应该避开的误区，走正确路线，节约定位成本，做到定位效率最大化。品牌定位的误区主要有以下三种。

第一，从企业的角度定位而不是从消费者的角度进行定位。许多企业在进行品牌定位的时候，往往会从企业自身的角度出发，将品牌定位等同于企业希望达成的目标，而不是从消费者的角度出发，根据消费者的需求定位品牌。例如，某企业将自己定位为"某行业的领导者"，这样的定位对消费者来说没有任何意义，是脱离消费者需求的，因此是企业在进行品牌定位时应该避开的误区。

第二，品牌定位背离消费者的已有认知。企业在进行品牌定位时，不仅要考虑使品牌在一众同质化品牌中拥有差异化的优势，也要考虑消费者固有的认知习惯，不能使品牌的定位和消费者的认知相背离。例如，如果专注于时尚女装的企业建立一个子品牌来销售家居产品，那么在很多消费者心中该品牌的家居产品就是不专业的，这是因为该企业在打造品牌时，品牌定位背离了消费者的已有认知。

第三，把企业广告和品牌定位等同。许多企业没能将企业广告和品牌定位区分开来，认为企业广告就是品牌定位，这种认知是不对的。企业广告能够传播品牌的核心理念，加深消费者对于品牌的记忆，但这并不等同于品牌定位。品牌定位作为打入消费者心中的"钉子"，应简洁有力，并且紧抓消费者需求，而企业的广告是多方面的，可能会宣传产品特点，也可能会宣传产品销量。例如，如果企业的广告是宣传产品销量好，那么将广告和品牌定位等同起来，就会使消费者产生困惑，不清晰的品牌定位是无效的。

品牌定位必须从消费者需求出发，符合消费者已有认知且清晰明确。如果忽视品牌定位的这些要求，那么品牌定位是不可能成功的。

7.3 怎样做好品牌定位

7.3.1 品牌定位四个原则

怎样才能做好品牌定位？做好品牌定位的原则有四个，分别是具有较强的识别度、切中目标消费者、传播品牌形象和打造品牌差异化优势。

（1）具有较强的识别度

品牌定位必须足够清晰，具有较强的识别度，使品牌从市场上的同质化品牌中脱颖而出。因此品牌定位必须突出品牌的核心价值，获得品牌识别上的优势。比如网易严选的定位就是为消费者精心挑选出高品质、低价格的家居用品，具有较高的品牌识别度。

（2）切中目标消费者

信息传递应切中特定的传播对象，对品牌定位来说，定位信息的传递也应切中企业目标消费者。比如盒马鲜生的烹饪海鲜板块就切中了喜爱吃海鲜却不会做的年轻中等收入阶层消费者。

（3）传播品牌形象

品牌定位决定着品牌形象，同时在品牌定位的过程中也应该不断修正、强化品牌形象。比如太平鸟服装的定位是"让每个人都享受时尚的乐趣"，后来太平鸟服装转变了商业模式，其定位也变为"快时尚虚拟联合"，在对定位进行修正的过程中传播品牌形象，强化了太平鸟的品牌形象。

（4）打造品牌差异化优势

在进行品牌定位时，对竞争对手的分析与评估是非常有必要的，品牌的竞争对手影响着品牌的定位选择。只有在与竞争对手的比较中具有差异化优势，这个品牌定位才能在消费者的认知中占有一席之地。比如加多宝宣传的"正宗好凉茶"就是一种对品牌差异化优势的强化。

7.3.2　品牌定位四种策略

理解了以上四个原则，在进行品牌定位时就有了明确的方向。抓住这四个原则进行定位，有利于企业迅速找到定位的方法，并在激烈的竞争中获得一定的优势。同时，在进行品牌定位时，企业也需要进行长期的品牌战略规划，因此除了了解品牌定位的四个原则外，企业也要明确品牌定位的四种策略。

（1）产品类别定位策略

产品类别定位策略是指将品牌和某种特定的产品品类联系起来的定位策略，让消费者牢记这种联系并形成品牌联想，在看到产品品类时就能回忆起品牌。比如阿芙是精油品类里的领导品牌，其宣传语也为"阿芙，就是精油"，在这样清晰的品牌定位下，阿芙成为精油的代名词，许多人想到精油就会想到阿芙。

（2）功能定位策略

功能定位策略就是突出强调产品的功能优势、过硬质量和其他特性，强调品牌下的产品具有其他竞争产品不具备的特殊属性，从而使品牌具有明显的优势。比如优衣库会强调其线上线下同等质量、同等价格、同步更新的特性。

（3）外观定位策略

外观定位策略是指通过新奇的产品外观设计，使产品的品牌给消费者留下深刻印象的策略。产品的外观也是产品定位的重要依据之一。比如在服装行业，不同品牌的服装具有不同的风格特征和外观特质，外观特质是品牌定位的体现，也是对品牌定位的强化。

（4）利益定位策略

利益定位策略即品牌在定位时向消费者承诺产品能够满足消费者需求，为消费者带来利益，突出品牌与竞争对手不同的优势，进而成功定位。比如，高性价比一直是小米手机对于消费者的承诺，消费者能够用低廉的价格得到高品质的产品和服务。

要想做好品牌定位，企业必须掌握品牌定位的原则和策略，对企业自身、竞争对手、消费者需求等进行分析，切中目标消费者，打造具有差异性的品牌。同时，产品的类别、功能、外观和价格等都是品牌定位可选择的方向。

第8章

好品牌名，有用且重要

 8.1 好的品牌名，真的重要吗？

对于品牌营销而言，好的品牌名能够深化消费者认知、强化品牌传播，让营销赢在起跑线上。在互联网时代，品牌营销需要做的首要营销决策就是确定一个好的品牌名。

名字是品牌的第一文字符号，比如一个消费者去超市买洗衣液时，往往会询问导购有哪些品牌的洗衣液，并了解不同品牌的洗衣液的特点，当其在使用洗衣液，觉得某品牌洗衣液不错时，也往往会向家人、朋友推荐该品牌。

好的品牌名具有强大的认知优势，容易让消费者留下深刻印象。比如宝马汽车就是一个好的品牌名，在最初进入我国市场时，宝马汽车的原名为"巴依尔"，读起来拗口，也并不好记，因此在当时的销量并不好，改名为"宝马"之后，不仅产品销量持续上涨，品牌形象也大大提升了。

为什么"宝马"是一个很好的品牌名？原因在于其具有强大的认知优势，西汉汉武帝时期就有名为"汗血宝马"的名驹。而"宝马"这个品牌能够让消费者将其与"汗血宝马"联系起来，从而加深消费者对于品牌的印象。

同时，如果品牌名本身能讲明产品，这个名称就自然而然具有吸引力，比如"仙肌冻龄美容仪""午后奶茶"等就属于这样的名称。

好的品牌名是建立品牌时首先需要考虑的因素，但并不是最重要的，品牌建立是一个长久的过程，是品牌发展战略的信任状，如果认为确定好品牌名，建立品牌的工作就结束了，那么品牌名也不会长久。

确定品牌名之后，建立品牌的工作才刚刚开始，企业需要对品牌名进行执行与维护。

所谓执行就是将品牌名用起来，以西贝莜面村为例，从品牌看，它的一个属性是"西北"，另一个属性是"莜面"，这意味着其产品是以西北面食为主。再比如巴奴毛肚火锅，"重庆味""毛肚"是其特色，每家店都必须围绕这个特色来运营。即确定品牌名后，品牌的产品设计、店铺设计等都要遵循品牌名来执行。

在品牌建立的过程中还需要不断对品牌名进行维护。品牌名的维护是一个去错补缺并进行创新的过程，比如联想集团最开始的名字叫"中国科学院计算技术研究所新技术发展公司"，这样长且复杂的名字并不便于消费者记忆，后来公司改名为联想集团有限公司。"联想"二字简单易记，也让更多的消费者记住了这一品牌。

品牌名建立之后也需要进行创新，如同一品牌下细分出多种品类、目标消费者不同的系列产品时，应创新品牌名，以加深消费者对不同品类产品的认知。比如宝马汽车品牌下除了有宝马这一品牌外，还有MINI和劳斯莱斯两个品牌，三个品牌有不同的市场定位和目标人群，打造出了不同的品牌形象。

好的品牌名是品牌营销的基础，对品牌名的维护和创新也十分重要，在确定一个好的品牌名的同时，企业更要重视品牌名的发展、成长。

8.2 好的品牌名可以降低消费者的认知成本

在品牌营销中，一个好的品牌名极具优势，好的品牌名可以降低消费者的认知成本，提高营销效率。那么，什么样的品牌名才是好的品牌名？当消费者不需要理性思考，而通过直接感应，在看到或听到品牌名的瞬间就知道这个品牌是什么、是做什么的时候，就表明这个品牌名是成功的。

好的品牌名可以降低消费者的认知成本，这表现在两个方面，一是降低了消费者理解品牌的成本，二是降低了品牌传播的成本。

首先，好的品牌名降低了消费者理解品牌的成本。消费者不需要理性思考，只通过直接感应就能对品牌有基本的了解的原因在于，在消费者心智中已经有了这个品牌的概念，或有了与这个品牌名相近的概念，即这个名字是消费者熟悉且有视觉记忆的名字，由此能够降低消费者的理解成本。

基于此，许多互联网公司都喜欢用动物、植物、叠词等为品牌命名。比如：与动物相关的品牌有天猫、飞猪、闲鱼等；与植物相关的品牌有百合网、蘑菇街、西瓜视频等；与叠词有关的品牌有探探、钉钉等。这些动物和植物都是我们所熟知的，而叠词更易于理解和记忆。总之，一个好的品牌名应与消费者心智中熟悉的名词密切相关，而不是采用陌生词语，这样才能更好地降低消费者的理解成本。

其次，好的品牌名能够降低品牌传播的成本。如果一个品牌名具有极高的辨识度，能够让消费者认得出、看得懂、记得住，那么这样的品牌名无疑是一个非常好的名字。在这种情况下，企业只需要花少许费用，就能实现对消费者的认知教育，进而降低品牌营销成本，比如奔驰、王老吉等。而如果消费者不能在第一时间通过品牌名了解品牌，企业将花费更多的时间、金钱来向消费者解释这个品牌的内容，并在很长的时间里重复这个"解释"的行为，以此影响消费者心智，这样一来品牌的传播成本就会大大增加。

总之，好的品牌名能够从降低消费者理解成本和品牌传播成本两方面降低消费者对于品牌的认知成本，实现更好的营销效果。

我们可以从哪些方面判断一个品牌名是不是好的品牌名？一般来说，好的品牌名具有以下几个特点，如图8-1所示。

图8-1　好的品牌名的特点

（1）好认好读

好读好认是指品牌名能够让人认得出、读得顺，比如华为、天猫、老干妈等，简洁易懂的品牌名能够提高品牌的辨识度。

（2）好懂好记

好懂好记是指品牌名能够让人们懂得这个名字的意思是什么，并能长久地记住品牌名。一般情况，越简单的词，特别是叠词、言简意赅的词，就越容易形成听觉记忆、视觉印象，比如滴滴、当当、钉钉、立白、如家等。

（3）有寓意

有寓意即确定品牌名时，要结合品牌定位给予品牌名文化内涵，使人们在看到品牌名时，能够从品牌名中读出名字里蕴含的美好寓意。手工布鞋品牌"内联升"的品牌名中就蕴含了美好寓意，在品牌创立之初，"内"指宫廷大内，"联升"寓意用户穿上此店的鞋子后，可以官运亨通，连升三级，而现在该品牌也具有好运、兴旺的良好寓意。

（4）有个性

有个性即人们在看到品牌名时，能感受到品牌的鲜明个性，品牌个性是品牌的人格化表现，也是消费者对品牌的印象、感觉。比如蚂蚁花呗给人一种可爱的人格形象，深受当下年轻人的喜爱。品牌名的个性能够增加品牌的辨识度，让消费者形成独特认知，这是企业建立品牌名时考虑的重要因素。

（5）强相关

强相关是指品牌名要带有行业及产品属性，能够让消费者从品牌名字里，读出品牌所对应的产品或服务。比如：如家——让你在旅行当中享受在家一般的住宿体验，比喻形象，突出了品牌服务的特点；宜家——让家更宜居，让生活更美好，居家产品与家强相关，让人知道这是一个家居零售品牌。

为品牌命名需要基于品牌定位、价值主张、产品属性、市场竞争等品牌战略及规划综合考虑，并充分遵循以上几个方面来进行。只有打造出一个好的品牌名，才能够降低消费者的认知成本。

8.3 没有好的创新，再好的品牌名也会消失

品牌名并不是建立起来就可以了，企业需要对品牌名进行创新，如果品牌名没有进行创新、一成不变，就很容易在市场竞争中被掩盖甚至消失。

如何保证品牌名的创新性？

首先，在确定品牌名时，一定要学会为品牌定位，最好将品牌定位于某一细分品类中。比如，提到精油，很多人都会想到阿芙，"阿芙，就是精油"是该品牌的宣传语，该品牌推出的主打产品是各种类型的精油，这样的品牌定位极具创新性，也助力阿芙成为精油领域的领导品牌。

其次，企业在建立品牌时应坚持多品牌原则。很多单品牌企业都因不注重品牌扩展而陷入发展困境，以柯达为例，在胶片相机时代，柯达无疑是全球最具价值的品牌之一，其每年的销量和利润额都十分庞大，但随着时代的发展，柯达最终走向了破产。因为当数码相机出现之后，柯达并没有及时抓住产品品类扩展的机遇，同时在日后推出数码相机时，沿用的依然是柯达这一旧品牌，在许多消费者心中，柯达已经成为胶卷相机的代名词，在数码相机市场的竞争中丧失了先机和品牌影响力，最终在激烈的竞争中败下阵来。

在拓展产品品类时，如果产品处于一个新的品类，那么就应为其确定一个新的品牌名。定义新的品牌名不仅能够避免旧的品牌名价值主张的混乱，还能够更清晰地表达新的价值主张。以美妆品牌欧莱雅为例，旗下一线品牌有兰蔻、乔治·阿玛尼等，二线品牌有碧欧泉、科颜氏等，三线品牌有羽西、巴黎欧莱雅、小护士等，高、中、低三档的定位策略涵盖了不同收入阶层的消费者。

最后，在推动品牌名创新时，可通过创新产品品类来确立新的品牌名。在开创新品类方面的典型案例就是君乐宝。君乐宝开创了一个名为"芝士酸奶"的新品类，并将其命名为"涨芝士啦"。该产品一经上市便广受好评，第一年销售突破十亿元大关。

创新是品牌名延续、扩大影响力的重要因素，在不断变动、发展的市场中，企业要注重品牌创新，并注意用不同的品牌名命名不同品类的产品，以精准定位目标人群，突出与众不同的价值主张。

第9章

品牌叙事：提升品牌价值

9.1 品牌叙事的关键要素

什么是品牌叙事？即通过广告宣传、新闻传播、公关活动、品牌与文化现象相融合的文化传播活动所反映出来的品牌内涵，是品牌文化、价值理念及产品利益诉求点的生动体现。品牌叙事作为一种纽带，把消费者和品牌联系起来，是品牌力量的来源。

品牌提供给目标消费者的品牌叙事，能够深化消费者对品牌的理解与认知。化妆品品牌玫琳凯是这样向目标消费者介绍品牌的：

玫琳凯·艾施曾是美国某公司的主管，在20世纪五六十年代，美国社会对女性很歧视，女性和男性同样工作，薪金往往只能拿到男性的一半，这令玫琳凯很愤怒，即使她工作努力，业绩优异，也在工作中饱受歧视。一次当她出差回到公司时，发现自己的男助理被提升到比自己更高的职位上，于是愤而辞职。

辞职后，玫琳凯总结了以往25年工作生涯中的种种经历，并决心与男性一争高下。凭借着上半生不多的积蓄和儿子的支持，1963年9月，玫琳凯在达拉斯成立了"玫琳凯化妆品公司"。

玫琳凯的目标是为广大女性提供个人发展的机会，帮助其实现梦想，她信奉"你要别人怎样对待你，你也要怎样对待别人"的原则，倡导"信仰第一、家庭第二、事业第三"的生活态度。在她的努力之下，公司从一家小型化妆品公司发展成为美国著名的美容保养品销售企业，玫琳凯也成为美国彩妆销售得最好的品牌之一。玫琳凯公司多次被评为"全美100家最值得工作的公司"，也被列为最适宜女性工作的10家企业之一。

在上述品牌叙事中，首先设置了一个情境：在现代商业社会，女性受到薪酬、工作晋升等多方面的歧视，要实现自己的梦想，必须依靠自身的发奋努力。其次推出了玫琳凯的人生价值观，即品牌的核心价值理念："你要别人怎样对待你，你也要怎样对待别人"的原则和"信仰第一、家庭第二、事业第三"的生活态度。最后通过玫琳凯取得的成就对女性施加影响。这样连贯且环环相扣的叙述，能够极大地激发女性，即品牌目标受众对品牌的热情。

通过上述品牌叙事，我们可以对品牌叙事的关键要素有一个基本的把握，如图9-1所示。

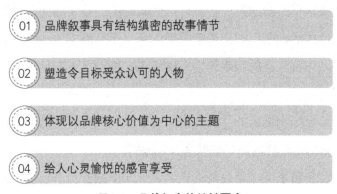

01 品牌叙事具有结构缜密的故事情节

02 塑造令目标受众认可的人物

03 体现以品牌核心价值为中心的主题

04 给人心灵愉悦的感官享受

图9-1　品牌叙事的关键要素

（1）品牌叙事具有结构缜密的故事情节

好的情节可以使品牌叙事中的故事有很强的逻辑性，前因后果关系清晰。通过赋予品牌一个有序、紧凑、稳固的故事，推动故事个性化叙事情节的展开。在品牌发展过程中，只有那些精心构筑的品牌叙事才能获得目标受众的关注，使其产生共鸣，从而使品牌焕发出无穷的生命力。

（2）塑造令目标受众认可的人物

品牌叙事中的人物往往能够体现品牌的价值取向和发展方向。如果香奈儿、玫琳凯等品牌没有对品牌创始人传奇故事的描述，就难以放射出经久不衰的耀眼光芒。而美国迪士尼乐园对米老鼠的塑造、肯德基对山姆大叔的塑造等，则是从行业特点出发，让人感受到品牌的温馨，以此获得更多消费者的认可。因此，企业在塑造品牌叙事中的人物时，不仅要思考品牌背景和产品类别，更要考虑品牌的价值主张和发展方向。

（3）体现以品牌核心价值为中心的主题

主题是戏剧、小说的灵魂，也是品牌叙事的灵魂。例如：玫琳凯品牌叙事的主题为"你要别人怎样对待你，你也要怎样对待别人"；雅诗兰黛品牌叙事的主题为"美丽是一种态度"。这些主题反映了品牌的价值主张，引起了许多女性的共鸣，因此俘获了她们的心，而这些品牌也因此历久弥新，成为享誉全球的经典品牌。主题缺失或者主题不明的品牌叙事，难以传达出清晰明了的品牌理念，也难以对人产生影响，更难以刺激人们的消费欲望。

（4）给人心灵愉悦的感官享受

美的东西总能给人留下深刻影响。仅靠文字和图像并不能激活品牌叙事，只有将故事讲得更加优美才能够加深受众对故事的印象。当人们看到香奈儿、玫琳凯这些经典品牌，就能联想到其充满传奇色彩、给人以美的享受的优美故事；看见商场中五彩缤纷的美宝莲产品，也能感觉到其紧随时尚的美的力量。完整的品牌叙事需要将情节、人物、主题和美感融为一体，只有那些从字里行间飘溢着故事美感的品牌叙事，才能拨动人们的心弦。

对品牌来说，产品功能和品质是否符合消费者需求，品牌形象、包装是否达到消费者的期望值，是品牌得以发展的基础。品牌叙事作为品牌的一种表现形式，如同一根线，将品牌背景、品牌价值主张和品牌情感串联起来并传递给目标受众，以此实现与目标受众的沟通并获得其认可。在建立品牌的过程中，通过以上几个关键要素打造一篇完善的品牌叙事是十分重要的，品牌叙事对于品牌建立具有不可或缺的作用。

首先，品牌叙事能够体现品牌的价值主张。品牌的价值主张是其吸引目标受众的关键因素，而品牌叙事能够通过形象化、通俗化的语言，将品牌价值主张传递给目标受众。由于不同品牌的经营方式、追求目标不同，其价值主张也迥然不同。

其次，品牌叙事能够增进品牌与目标受众的情感交流。品牌叙事通过生动的故事讲述，拉近品牌与目标受众的距离，实现品牌与目标受众的情感交流，进而引发目标受众的共鸣。许多美誉度高的品牌之所以受到消费者的喜爱，除了产品的品质因素外，在很大程度上是由于其重视品牌的宣传和文化传播，通过媒体广告、新闻公关等一系列活动，一次次地使品牌与目标受众亲密接触，从而建立良好的品牌形象并形成品牌效应。

最后，品牌叙事能够传递品牌信息。当下，信息传播渠道的扩展使得人们遭受着大量广告信息的狂轰滥炸，人们对各种广告也更加抵触。而品牌叙事能够以一种经过精心设计的、形象化的形式实现品牌背景、品牌价值主张等信息的传递，使人们在欣赏玩味、潜移默化中了解品牌，提升目标受众对品牌的认可度。

9.2 品牌叙事的表现形式

由于品牌背景、行业类别以及品牌创始人经营理念的差异，品牌叙事的表现形式也多种多样。但无论采取何种表现形式，都要完整地传递出品牌所要表述的内容，并引起目标受众的情感共鸣。具体说来，品牌叙事有以下几种表现形式。

（1）以品牌创始人为叙述主题

许多品牌创始人不仅在品牌经营方面具有远见卓识，而且极具个人人格魅力，是商界的传奇式人物，这样的品牌在品牌叙事时就可以以具有传奇色彩的品牌创始人为叙述主题，以此吸引人们关注，而人们也会因对这些传奇人物的偏爱而对其创立的品牌情有独钟。如雅诗兰黛、玫琳凯、皮尔·卡丹等都是此类品牌的典范。

（2）以虚拟人物或神话传说为叙述主题

以虚拟人物或神话传说为叙述主题，扩展奇妙的想象空间，带给目标受众美的体验并引发其共鸣，是品牌叙事的秘密武器。此类品牌叙事的优势在于品牌延伸空间大，同时能够以雄奇诡秘的神秘感引起人们的好奇与关注。如星巴克就以希腊神话中海妖塞壬的形象作为品牌的Logo，这使得提到星巴克人们就会想到其标志性的Logo，也会被海妖瑰丽传奇的神话故事所吸引。

（3）以地域环境差异为叙述主题

在化妆品行业，产品原料产地、使用水质、制作工艺的不同，能够带给消费者不同的使用效果和品位感受。许多品牌也会以地域环境差异为主题，通过对自然风貌、地理环境、自然水源的描述，带给目标受众纯净自然、品质卓越的感受。如化妆品品牌碧欧泉就是通过对生物学家在矿泉中发现矿泉活性萃取精华这一独特活性成分，并研究、申请生物制造过程的描述，为产品独特的功效进行注解，为品牌罩上了一层神秘的光环。

（4）以产品功能特点为叙述主题

品牌叙事也可以以产品功能特点为主题，这能够突显产品优势，引起目标受众的关注，达到广泛传播、带动产品销售的目的。如以药店为销售渠道的药妆品牌薇姿，通过对其选用的来自法国中部的温泉水对皮肤科及风湿科疾病有显著疗效，长期使用能增强皮肤防御能力等方面的宣传，突显出薇姿产品的独特功效。

企业可以通过以上四种形式进行品牌叙事，不论选择哪种形式，都要设计好故事情节、把握叙事节奏，同时突出品牌的价值主张。极富吸引力与感染力的品牌叙事能够加速品牌的建立，推动品牌的传播与转化。

9.3 品牌叙事的SCQA模型

在一个品牌建立的过程中，会产生许许多多的故事，而为了保证故事结构的缜密，我们需要对品牌故事进行分析、挑选，同时需要设立故事的结构，最后还要对品牌进行定义，以传递品牌的价值主张。

首先，如何筛选品牌故事？筛选出的品牌故事应与三个方面密切相关，即品牌建立的初衷、发展的历程和现状。品牌建立的初衷能够体现品牌文化、产品特性等，发展历程即根据品牌建立初衷展开的一系列活动，现状即品牌叙事的结果。

其次，对品牌故事进行筛选之后，接下来就要设立故事结构。在设立故事结构时，我们可以借助SCQA模型，它是一个"结构化表达"工具，具体内容如下。

S（situation）情景：提供一个熟悉的情景。

C（complication）冲突：描述情景存在的矛盾。

Q（question）疑问：指出问题所在。

A（answer）回答：提供解决答案。

总之，SCQA模型表述的是在某情境下，存在某些复杂矛盾，产生了什么样的问题，然后我们要如何解决它。以玫琳凯的品牌叙事为例，在20世纪五六十年代，美国社会的女性往往在工作中饱受歧视，玫琳凯也因性别歧视而辞职。随后，玫琳凯总结工作经验，认为要想实现自己的事业梦想就需要自己创业，于是成立了玫琳凯化妆品公司。同时在公司成立后，玫琳凯也积极为广大女性提供个人发展机会，帮助其实现梦想。

对上述品牌叙事进行拆解后，我们便可以分析故事的结构。

S（situation）情景：在当时的社会中，女性往往在工作中饱受歧视。

C（complication）冲突：冲突主要表现为女性在工作中的付出与回报不对等，玫琳凯也因此辞职。

Q（question）疑问：如何在这样的社会环境中实现自己的事业梦想。

A（answer）回答：玫琳凯通过自己创业实现了事业梦想，并积极为其他女性提供发展机会。

玫琳凯的品牌叙事就借鉴了SCQA模型，熟练运用SCQA模型进行品牌叙事，可以使品牌叙事结构化，体现品牌叙事的逻辑性，更好地表达品牌故事。

最后，设立好故事结构后，我们还需要对品牌进行定义，即通过故事表达品牌的价值主张。品牌的价值主张是品牌叙事的内核，是品牌叙事的差异化特点。比如香奈儿在进行品牌叙事时，讲述了创始人香奈儿一生都在追求自己想要的生活，是女性独立自主的典范，同时其在服装设计方面也注重女性的穿着体验和独立自主的追求，在女性只穿裙子的时代推出了女装裤子和其他带有中性元素的服装。香奈儿品牌叙事的出发点是女性主义，鼓励女性自信、独立、追求自我。好的品牌叙事就是要让消费者了解他们自己能成为怎样的人。

此外，品牌叙事也需要定义品牌的外在形象，使其符合消费者的审美和情感需求。比如在百岁山的品牌叙事中，一个老年人驾着一辆华丽的马车从两位公主面前驶过，伴随着唯美的音乐，"水中贵族百岁山"的文字逐渐显现。广告以笛卡尔和瑞典公主克里斯汀的故事为蓝本，同时以百岁山意寓意"高贵""经典""浪漫"。在这个品牌叙事中，百岁山具有美感的外观、能够带给消费者贵族般的享受等定义了品牌的外在形象。百岁山以其"水中贵族"的独具个性的品牌塑造，开启了我国水企竞争高端市场的新时代。

第10章
促销对于品牌建立的低成本优势

当下许多企业在促销方面往往会陷入"不做不行，做了也不行"的困境：面对销售压力或竞争对手的强劲攻势，如不采取有效的促销策略，则产品销量难以提升；而进行了促销后，虽然短期内实现了销量增长，但却会对品牌形象造成不良影响。

促销和品牌之间存在矛盾的一方面，但也存在互相促进的一方面，关键就在于能不能把促销做好。出色的促销不仅能有效提升产品销量，还能为品牌做加法，低成本，快速累积品牌资产。

10.1 立竿见影，生效快

对于品牌建立而言，促销是一种极为有效的手段。通过促销打造品牌知名度、吸引更多消费者的关注，有利于快速建立品牌，具体表现在以下几个方面。

（1）提高品牌知名度

打造品牌知名度是建立品牌的重要内容，虽然广告能有效提升品牌知名度，但付出的成本很高，相比之下，通过促销提品牌知名度付出的成本更低。在品牌的导入期，企业可通过免费派送的方式建立知名度。

比如在奇正消痛贴上市时，由于知名度低而无人问津，于是奇正公司决定通过免费送药的办法打开市场。从兰州、西安到北京，从女排、男篮到乒乓球队，三个月左右的时间里公司送出了几万贴药，价值几十万元。不久之后，由于产品功效明显，广受好评，许多电视台、报纸等媒体都对奇正消痛贴进行了报道，奇正品牌的知名度快速传遍全国。

（2）提高品牌忠诚度

合理地利用促销方法能够提高消费者对品牌的忠诚度。比如康师傅曾对其果汁和茶系列饮料开展过"开瓶见喜，再来壹瓶"的促销活动，采用"即开即中"的抽奖策略，消费者可以当场购买当场兑奖，成本低，中奖率高，有效刺激了消费者的重复购买，无形中提升了消费者对于品牌的忠诚度。当然，这种促销活动不能长时间、多频次开展，否则就会降低消费者对产品价值的认知，对品牌建立造成伤害。

品质认定是消费者对某品牌产品整体质量和优势形成的定论和概念，往往是消费者在对相关产品进行对比后形成的，其会影响消费者的购买决定和品牌忠诚度。比如，人们往往对德国制造的汽车有着高质量的品质认定，即使其他国家制造的汽车质量并不差，但追求质量的消费者往往也会选择德国制造的汽车。其实，通过促销也能让消费者提高对品牌的品质认定。如农夫山泉曾推出"寻源行动"，奖励消费者参观农夫山泉的制造基地以展示农夫山泉"能喝的天然水"的高品质，并将此拍摄成纪录片大力推广，使得农夫山泉得到广泛的认可。

（3）强化品牌联想

促销活动能够强化消费者对于品牌的联想，深化对于品牌的认知。比如，宝洁通过"悬赏能够找到一块在水中浮不起来的象牙香皂的消费者"的促销活动来强化象牙香皂"漂浮"的品牌联想，强化了象牙香皂的"漂浮"特征，显示了其纯度极高的特点。

同时，开展促销活动要避免消费者产生与品牌相关的不好的联想。比如，某洗衣粉品牌为了强化消费者对其关爱女性的品牌联想，在三八妇女节当日向女性消费者赠送洗衣粉，但这样的活动体现了"洗衣服是女性的工作"的思想，使许多女性联想到了性别歧视，因此促销活动对品牌形象造成了不良的影响。

（4）强化品牌核心价值

品牌的核心价值是品牌的灵魂，是驱动消费者认同一个品牌的主导力量。如沃尔沃的核心价值是"安全"，海尔的核心价值是"真诚"。

品牌的核心价值需要长期保持，需要通过多种方式来传播，而促销就是其中的有效手段。如苏泊尔家电和金龙鱼食用油的联合促销，就成功地强化了双方体现的"健康烹饪，快乐生活"的品牌核心价值。苏泊尔家电和金龙鱼食用油虽然处于不同的行业，但二者都是构成健康快乐生活的重要部分，其都能体现"健康烹饪，快乐生活"的核心品牌价值。围绕着这个主题展开联合促销能够增强品牌的冲击力。

（5）加强品牌定位

品牌定位就是在消费者头脑中形成有利于品牌联想的品牌识别，是对品牌核心价值的写真，明确的定位是打造品牌形象的关键。促销能够加强品牌定位，让品牌定位更深刻地植入消费者的脑海中。比如，"统一鲜橙多"的定位是漂亮时尚，根据这一定位并结合目标消费者的特性，其曾推出"统一鲜橙多·资生堂都市漂亮秀""阳光频率统一鲜橙多闪亮DJ大挑战"等一系列与品牌"漂亮时尚"定位密切相关的促销活动，使消费者对统一鲜橙多的定位有更形象的感受，从而加强了品牌定位。

综上所述，通过精心设计的促销，能为品牌的建立做加法。但在实际操作中，为何促销往往成为了"品牌杀手"？根本原因就在于一些企业缺乏清晰的品牌规划，在设计促销活动时，往往把品牌规划置之脑后，忽视品牌的核心价值与品牌定位，而将消费者吸引到对价格与折扣的关注上来。

要想让促销推动品牌的建立，就要把握好促销的"度"和"量"，既不违背品牌规划的原则，同时把握促销的次数与时间的长短。在促销中按照品牌规划宣传品牌核心价值，更多地通过品牌核心价值来吸引消费者，而非只是通过价格来吸引消费者，这样才能在提高产品销量的同时促进品牌建立。

10.2 易操作，活动不受限

促销活动能够加速品牌的推广传播，让更多的消费者了解品牌，从而推动品牌的建立。同时，与各种媒体推广手段相比，促销的成本更低，更容易操作，能够在多样的活动中让消费者更深切地感受到产品的功效、价格的实惠，从而加深品牌认知。促销活动需要满足消费者追求实惠的心理，具体而言，促销活动主要有以下几种类型。

（1）满减活动

满减活动即设定一定的额度，当消费者达到消费额度时即可获得满减优惠，如"满100元减10元、满200元减30元、满300元减50元"等。在设置满减活动时也是有技巧的，同样的产品，标"满1000元打8折"和"满1000元减200元"对于消费者而言花的钱是一样的，但给人留下的印象却不同。

原因就在于许多消费者会分别看待自己的支出和收益。如果是消费满1000元打8折，那么还是在消费者支出的范围内，但如果是满1000元减200元，给消费者的感觉则是买了1000元的产品，又获得了一笔200元的"意外之财"。

满减活动能够给消费者一个购买产品的理由——现在不买就亏了，同时还能引起消费者的凑单欲望，从而提高销售额。

（2）预购、秒杀、团购活动

预购、秒杀、团购活动都是促销的常见手段，要想做好这类促销活动，就要为活动设置一个"锚点"。在促销活动中，产品的价格、组合套餐等都可以成为锚点。比如：在预购活动中的"提前99元预购，上线后恢复原价199元"；秒杀活动中的"限时99元秒杀，24小时后恢复原价199元"；团购活动中的"单人购买199元，三人成团价99元"等。这些都是通过原价的价格锚点来突出促销活动的优惠，以此吸引消费者购买产品。

（3）赠品促销

赠品促销是一种非常有效的促销手段，精心设计的赠品能够带给消费者额外的惊喜。通常赠品需要满足三个要点：实用性、相关性、个性化。实用性即赠品必须是实用的；相关性即赠品必须与销售的产品密切相关；个性化即赠品应具有特点，能够从一众其他产品的赠品中脱颖而出。三只松鼠在赠品这方面就做得比较好，其赠品大多与零食密切相关且十分实用，如封口夹、果壳袋，湿巾等，能够让消费者感觉到品牌的贴心。

促销活动种类繁多，易于操作，有利于加速品牌的传播和建立，同时，企业需把控促销的时长和频次，也可适当开展限时、限量促销，避免促销影响消费者对品牌的价值认知。

10.3 利于培养消费群

成功的促销活动能够吸引大量的消费者购买产品并关注品牌，再通过引导和留存消费者，便可培养出品牌的忠实消费者，最终形成品牌的消费群。要想培养消费群，就需要通过促销打造爆点，以爆点吸引更多的消费者的关注。企业可通过以下方法打造促销爆点。

（1）错觉折扣

许多消费者在看到产品打折时都会觉得便宜的产品可能会存在质量问题，购买的这些产品并非物超所值。要想消除消费者的这种疑虑，就要让其认识到产品的价值，明确自己享受到了优惠。比如规定"活动期间，消费者可花费99元任意选购一款价值129元的产品"，这样表明产品价值的促销方法比直接折扣更能吸引消费者。

某品牌曾制定过这样一个促销方案：在一周的活动期间内，消费者可以用100元购买价值130元的产品。这个促销活动吸引了许多消费者的注意，纷纷前来选购产品，在提升了产品销量的同时，也有效地扩大了品牌的知名度。

和直接打折相比，错觉打折更有艺术性，更能吸引消费者的注意。在上述案例中，该品牌针对消费者"便宜没好货"的心理，实行"花100元买130元"的错觉折扣方案，让消费者避开了产品是质量不好的打折处理产品的感觉误区，成功吸引了大量消费者的关注。

（2）一刻千金

"一刻千金"的促销方案即让消费者在规定的时间内自由抢购产品，并以超低价进行促销。比如可以规定"每天晚间0点到0点5分之间拍下的产品，可以以5元的价格成交"。这种促销看似很亏，但却能急剧提升品牌的人气，吸引更多的潜在消费者，只要将消费者吸引过来，他们就有可能转化为品牌的用户。

某品牌就曾推出过这样的促销模式：在一个月的时间里，每晚7点至7点5分，所有产品限时1折。在推出活动的当天晚上，该品牌店铺的流量就达到了以往流量的高峰，同时这个流量高峰在之后一次次被突破。一个月之后，该品牌产品销量较之前提升了5倍，同时增加了大量的新客户和新会员。

这种促销方案不仅能够打造促销爆点，还能够促进消费者的自主传播，提升品牌的知名度，而品牌知名度的提升能够带来更多稳定的消费者。

（3）超值一元

"超值一元"的促销方案指的是在活动期间，消费者可以花1元钱买到原价几十元甚至上百元的产品。这种促销方式看似赚不到钱，但却能够为品牌吸引很多关注。如果一名消费者购买了一件1元产品，但是需要支付10元邮费的话，他就很有可能查看店铺的包邮规则并同时购买其他产品。而那些没有抢到"超值一元"产品的消费者，购买其他产品的可能性也是非常大的。

某日用品品牌在建立初期就曾推出过这样一个促销策略：将店铺里的35款10元左右的产品分成7组，每组5种产品，同时以周为循环，每天上架一组，而这些产品的价格仅为1元。此外为控制成本，该品牌也规定每名消费者每天限购一件产品，同时每种产品限量销售100件。此活动推出后吸引了大量的消费者，每天超值产品都能够在上架一小时内被抢购一空。而在购买超值产品之后，许多消费者的购物热情高涨，因而也会选购一些不打折的产品。此活动在带动产品销量的同时也提升了消费者的复购率，提升了消费者对于品牌的黏性。

这种促销策略不仅能够以超低价制造爆点，吸引消费者的关注，同时，策略的长期实施也会引起消费者的长期关注，有利于培养消费者的消费习惯和培养消费群。

（4）临界价格

临界价格即在视觉上和感性认识上让人产生错觉的价格。比如以100元为例，其临界价格可以设置为99.9元。临界价格的作用就是给消费者造成视觉错觉，让其认为促销的价格很划算。在促销时设置这样的临界价格能够以较低的成本投入，获得更多消费者的青睐。

（5）阶梯价格

阶梯价格即产品的价格随着时间的推移出现阶梯式变化。比如新品上架第一天5折销售，第二天6折销售，以此类推。这能够给消费者造成一种紧迫感，让其意识到越早买越划算，促使消费者快速购买。同时，如果企业习惯于在推出新品时采用阶梯式促销的策略，那么就会培养消费者的消费习惯，使其长期关注品牌新品，这有利于企业培养消费群。

（6）降价加打折

降价加打折即对一件产品既降价，又打折，实施双重优惠。双重优惠未必会提高企业的促销成本，但却能够刺激消费者的购物热情。以100元的产品为例，如果直接6折促销，那么一件产品就会损失40元的利润。但是如果先把100元的产品降价10元，再进行8折促销，那么一件产品损失的利润是28元，这能够降低企业的促销成本，同时双重优惠叠加的促销策略能够营造更好的促销氛围，激发消费者购物热情。

在实际操作中，企业可将降价、打折、满减、满赠等多种促销手段综合使用，根据产品特点设计多样化、个性化的促销方案，以不同的优惠组合刺激消费者的消费欲望，满足不同消费者的消费优惠需求。这能够有效扩大消费者群体，提升消费者对品牌的认知。

促销活动能够吸引大量消费者的关注，同时只有培养消费者的消费习惯，注重消费者的留存，注重消费者群体的培养，才能够使消费者成为品牌建立的基础。如何留存消费者并培养消费者群？企业需要做好以下两个方面。

首先，在开展促销活动时，促销是可以延续的，比如当消费者在满减活动中完成购物后，企业可向其表示第二次购物可享8折优惠，在消费者第二次购物完成后，企业也可以向其发放优惠券，刺激其再次购物。其次，企业可以通过建立会员体系来留存消费者，同时通过各种会员激励方案培养消费者的忠诚度，进而形成消费者群。

10.4 简单有效的竞争手段

促销是简单有效的竞争手段，尤其是在市场中的其他企业普遍开展促销活动的环境中，企业更要积极应对，通过合理的促销方案建立自己的竞争优势。营销就是一场战争，当竞争对手进行促销时，企业应做好心理准备，同时迎战对手，采取更好的促销方案。在制定促销方案时，企业不能盲目跟进，仓促决策，而要透彻地研究对手的促销策略，制定一套有理、有序、有节的应对方法。具体而言，企业需要做好以下几个方面。

（1）定位

定位即找到适合产品特性并符合市场需要的促销方式，从而通过促销抢在对手前在消费者脑海中留下印象。为了让自身的定位更醒目、更有吸引力，企业需要分析竞争对手的薄弱环节，或者分析自身品牌与对方哪些差异。

比如，如果竞争对手率先在线上发起了强劲的促销攻势，却忽视了线下促销的话，企业就可以线上线下齐发力，并设计多样的线下促销方案吸引消费者到店消费。又如当竞争对手的产品包装设计为大包装时，企业可以将自己的产品包装设计成小包装，并据此制定个性化的促销方案，以便形成自己的竞争优势。

（2）更高的利益吸引

更高的利益吸引是形成促销优势的重要因素。产品是价值的体现，产品要进行促销，就是要让消费者在认同产品价值的基础上，还要在短时间之内感受到产品更高的价值。

一些企业对更高的利益的理解只停留在表面上，在面对竞争对手的促销策略时，只用"以其人之道还治其人之身"的方法来应对，如竞争对手采取"买十赠一"的促销策略，而企业马上推出"买八赠一"的优惠，就会扰乱市场秩序，极有可能引发恶性竞争。为避免恶性竞争，企业应在相似的促销活动中突出产品的价值，如在宣传中突出产品在选料、制作工艺方面的严谨等，也可以向消费者承诺更优质的售后服务，以此让消费者感到物超所值。

（3）更快的行动

促销讲求效率，在同一轮竞争中，最先发动促销活动的企业往往会占据先机。比如，在某年圣诞节前夕，某企业计划在三天后开展一次促销活动，但竞争对手在第二天就推出了圣诞节促销活动，吸引了大量消费者的关注，而该企业再开展促销活动已失去了先机，最终在竞争中完败。

（4）更强的执行能力

竞品采取促销策略，企业除了想办法，用更好的定位、更高的利益、更快的行动之外，还要有更强的执行能力。很多企业在做促销时失败的一个原因就是促销策略执行不彻底，促销资源分配不合理，促销没有执行到该执行的地方。

比如，有时候一些企业以为一线员工正在如火如荼地进行促销，可事先印制的大量的促销海报却一张也没贴出去。有时候本来要一天内通达所有经销商、所有员工的信息，却拖了近半个月。计划的达成就是5%的计划加95%的执行，企业除了在5%的计划中可能比对手强之外，最主要应在这95%的执行上下功夫。

促销是有效的竞争手段，也是许多企业经常运用的竞争手段，在针对某一节点开展促销活动时，企业要注意把握先机，提前做好活动策划，在应对竞争对手发起的促销活动时，也要勇于应对，从打造促销活动的差异性出发，吸引消费者目光。同时，好的促销策划必须经过强有力的执行才能够发挥作用。因此，在促销活动开展的过程中，企业需做好监督，确保活动的每一个环节都能够按照计划顺利进行。

第11章
新消费时代品牌的重、慢、美

11.1 品牌的重

很多小伙伴经常说，我想做品牌工作，我觉得品牌工作很有趣。其实，品牌工作不是件容易的事，成为一名真正的品牌人，对综合能力结构的要求真的太高了。大多数品牌人，不够尊重专业，是出于无知无畏。中国市场现阶段新渠道、新流量的红利，会让他们短期内看不到这些问题。

在新消费时代，品牌的"重"是品牌的重复，也是品牌的重量；这里面我用了一个模型以便于思考，就是我自己在做品牌工作中用的三角模型，如图11-1所示。

图11-1　品牌工作中三角模型

① 符号的区别和指令：区别于其他产品，站在消费者立场解决消费者问题。

② 个体的原型：寻找品牌原型，给予消费者的价值。

③ 思想的独立：传播独特的品牌文化思想，改变生活方式。

11.1.1 符号的区别和指令

在《超级符号就是超级创意》一书中有一段文字：超级符号的方法要做的是通过发送信号引起消费者的注意，然后打动消费者，在打动之后，我们还可以做到两个转化，即购买和传播。传播就是你需要提供消费者记忆、识别、谈论的词语、符号，而超级符号就是传播效率最高、记忆成本最低的符号。我们把这称为华与华（策略公司）超级符号流量循环，"人头马一开，好运自然来"，就是这样的永动机。一个好的口号，就是一个传播的永动机。超级符号原理的核心就是：文化母体、超级符号、购买理由和货架思维。

有时，我在给企业做培训的时候，会有一个小互动，现场问大家在这个世界上哪三个品牌最值钱？很多小伙伴都会说，谷歌、苹果、微软、特斯拉、阿里巴巴、腾讯等。事实上，每一个品牌的终极目标都是打造不可动摇的品牌忠诚度。品牌能够引发的忠诚度越高，就越有潜力获得成功。

有价值的品牌能够让消费者：记住/购买/复购。

有信仰的品牌能够让消费者：信奉/拥护/宣扬。

对于符号的区别和指令，我们怎么样来做呢？

① 设计出辨识度高的符号。

② 自始至终推同一个符号。

③ 编码和解码发出符号指令。

（1）设计出辨识度高的符号

在我们的认知中，具备记忆的符号指的应该是公司的Logo了，但我们要理解的是符号并不局限于Logo。

举一个例子，我们基本都对炒股有所了解，当时上海证券交易所刚开张时，上市公司数量不多，那时候股民讨论股票都不说公司名称，而是说代码（股票代码），那时资深的股民、股评家是能够背出所有股票代码的，但随着上市公司数量的增多，股票代码数量的增加，慢慢地股民不再谈论代码，而直接说公司了，为什么呢？太多了，记不住了。

现今，市面上的品牌太多，从我们早上醒来到晚上睡觉，一天时间可能至少经历5000个品牌，单纯记住品牌Logo比登天还难，于是渐渐有了一种趋势，超级符号从Logo开始往产品外观、内核方向去转移了。比如：我们提到三顿半咖啡，我们脑子浮现的是那个星球、小盒子；提到江小白，是那个小瓶子满是文案的白酒。于是，当下的一部分主流认知是符号等于独特的产品外观。

从产品外观和包装上做思考和创意，是现在多数新消费品品牌企业在做的事情，我们看卖雪糕的钟薛高和奥雪，一家把雪糕做成瓦片状，一家把雪糕做成双黄蛋的样子，目的就是用独一无二的外观来提升辨识度，进而创造属于自己的超级符号。一个成功的超级符号的诞生是成百上千个失败的样品换来的。所以，我们在做企业的品牌符号时，不要天真地以为做出一两个独特的外形，面向市场，就会被用户记住，这是不行的。

那么如何设计出辨识度高的符号？如上所说，从产品的外形上做出具有美感的外观，基本上就成功了60%了。我们以口红为例，一支口红的外形基本上是固定的，想做出独有的口红，可以从口红自身或者装口红的盒子下功夫。比如在口红上做出特有的纹路，目前已经有厂家这样做了，美其名曰雕花口红。如果之后其他厂家没有模仿，这很有可能会成为该厂家的超级符号。

同时我们在包装盒上想创意，想象空间就更大。传统的口红盒子都是四四方方的，稍微开下脑洞，比如火箭式的、高跟鞋式的、化妆包式的，设计制作出来后，只要小范围做AB测试，印证产品及包装后，通过"种草"营销，成为爆品是非常快的事。而且最大的好处是，一旦形成了独特的符号，以后即使不做付费推广，依然会有消费者能够记忆，这就是独特符号的魅力。

（2）自始至终推同一个符号

为什么很多企业的品牌做不起来？因为有的老板的想法太多，今天想到一个点子，明天想到另一个新的点子，不断反复。几年下来，消费者会产生疑问：你们家到底是干什么的？对于这一点，我们可以学习士力架，几十年如一日，做了那么多视频广告，换了那么多代言人，广告的核心思路自始至终没换过。

从普通符号到独特的符号是量变到质变的过程，当我们在做广告投放时，你也许遇到过这种情况：用户第一次看到广告时，也许不会点击，第二次看到广告时，点击的概率会有所提升，当第三次再看到这个广告时，好奇心驱使，会点开看看。那么对符号的认知也遵循了这样一个过程，从第一次看到这个符号，到认知这个符号，最后熟悉这个符号，是一遍遍强化的结果。这个结果是累积量，当这个量级达到一定的程度时，消费者彻底记住了这个符号，就很难遗忘了。每一家企业都希望符号能快速形成质变，成为独特的符号，那么曝光多少次比较合适呢？然而目前没有答案。因为每一个人的认知、记忆、理解，以及看到广告时的情景完全不同，导致了接受的能力有差异。

举个例子，如果你喜欢了四年的女孩，突然有一天送了你一支笔，哪怕是第一次见到这支笔的牌子，我想这辈子，你都不会忘记这个牌子的，此情此景可待成追忆。如果你正在忙着做工作计划，手机上弹出一支笔的广告，你瞄了一眼就关掉了，这样的情景，没有十几次的品牌露出，怕是不能引起用户注意的。

此外，具备充足的品牌预算是打造符号的保证，一些小厂设计出来的产品有的也能惊艳到用户，但是他们未必能被认可。娃哈哈的营养快线，江小白的小瓶子都不是行业首创，但是他们都赶超了第一个吃螃蟹的人，为什么呢？当然是渠道和资金有优势，当他们的产品或者服务被消费者认可和记住，那么他们的符号也被消费者认知。如果品牌主想成为独特的符号，扩大市场规模无疑是接下来必走的路。就像雕花口红，既然消费者喜欢，既然没有法律规定其他厂家不能在口红上雕花，那么，为什么别人不会做这样的事情呢？可以预料到，之后的市场上，雕花口红会呈现百花齐放的态势。

（3）编码和解码发出符号指令

我们一定记得当年益达口香糖的广告语："嘿！你的益达！"这句话虽然让很多人知道了益达，但是它的销量却没有明显提升。因为好的广告语不在于有趣，也不在于优美，而在于发出的行动指令，后来益达公司将广告语改成"吃完喝完嚼益达"，这个就叫作行动指令，目标明确，因此销量剧增。

再比如，淘宝在购物车的图标上都画了一个加号，下单率提升了15%，最后又改成"加入购物车"这五个显眼大字，下单率再次提升一倍，这些都称为行动指令。你想让消费者怎么做，就要给他一个简单的指令，这个指令就会影响消费者，让他潜意识就会想起你的产品。

11.1.2　个体的原型

为什么我们会在某些时刻心头狂跳、哽咽，或哭泣？心理学上的解释是，我们不是在潜意识里重新经历了自己过去生命中的重大时刻，就是我们在潜意识里对这些时刻有所期待。说到潜意识，我们会想到谁？弗洛伊德和荣格。弗洛伊德提出了潜意识，他说潜意识是人类一切行为的内驱力，潜意识是童年形成的。而荣格在他的基础上提出集体潜意识，把潜意识的形成从童年，一下子推到他出生以前几十万年。荣格认为，集体潜意识不是童年形成的，而是每个人与生俱来的。

荣格的集体潜意识是指人类世世代代的活动方式和经验储存在人脑结构当中的痕迹。集体潜意识的内容是由本能和它所联系的原型组成的。本能和原型相互依存，本能是原型的基础，而原型则是本能外化出来的意象。例如，红绿灯的设计是凭空得来的吗？不是，它也是基于人的本能。远古时期，人们就知道红色是警告，绿色代表安全。

玛格丽特·马克和卡罗·S·皮尔森合著了《很久很久以前》一书，以神话的原型打造深入人心的品牌，这些原型或场景所发出的讯息满足了人类的欲望与动机，也释放了深层的情感和渴望，这有助于强化记忆和建立信任。

我们选择品牌的过程，就是跟品牌的原型在打交道。有人说，不同的品牌原型背后，体现了不同原型角色的心理倾向和心理特征，给消费者传递的气质和性格也是不同的。

玛格丽特·马克和卡罗·S·皮尔森的"品牌原型"理论，将品牌原型一共分为12种，包括创造者、英雄、凡夫俗子、叛逆者等。每一个成功的品牌，都在重复以下12个原型中的一个，如图11-2所示。

创造者	照顾者	统治者	叛逆者
凡夫俗子	情人	英雄	冒险者
魔法师	天真者	探险家	智者

图11-2　12个品牌原型

（1）创造者

定义：创新创造，将创造带入生活。

特点：不模仿，看重创造力，渴望创造有价值的事物，绝不墨守成规。

品牌代表：乐高、特斯拉、戴森。

（2）照顾者

定义：照顾别人，关心别人。

特点：利他主义的拥护者，尽心尽力地关怀、服务他人，总让人产生安全感。

品牌代表：海底捞、舒肤佳、999感冒灵。

（3）统治者

定义：具有领导力的权威，享受控制的权力。

特点：享受控制别人的领导力。

品牌代表：华为、阿里巴巴、英特尔。

（4）叛逆者

定义：离经叛道，叛逆使人快乐。

特点：志在活在当下的品牌。

品牌代表：百事可乐、杜蕾斯、卫龙。

（5）凡夫俗子

定义：坚持做自己，追求自我。

特点：典型的务实主义者，脚踏实地，不眼高手低。

品牌代表：椰树椰汁、海澜之家、优衣库。

（6）情人

定义：发现爱，营造爱，也善于关爱关心别人。

特点：充满热情、性感和浪漫色彩，想跟你谈恋爱。

品牌代表：卡地亚、蒂芙尼、德芙巧克力。

（7）英雄

定义：像英雄一样，有勇敢、魄力和担当。

特点：有坚定的意志，不怕困难，勇往直前。

品牌代表：耐克、Keep。

（8）冒险者

定义：具有冒险精神，为打破规则而生。

特点：拒绝单一的生活，不被外界设限、颠覆自我，不断地尝鲜。

品牌代表：苹果、哔哩哔哩、Supreme。

（9）魔法师

定义：不断蜕变，像变魔术一样。

特点：拥有巨大能量，神奇、魔幻的力量，善于营造仪式感、文化感。

品牌代表：星巴克、钟薛高、士力架。

（10）天真者

定义：天真无邪，保持和信仰某一种想象力。

特点：乐观、自信、善良，容易赢得无数消费者的好感。

品牌代表：麦当劳、可口可乐。

（11）探险家

定义：时刻保持独立。

特点：具有探索的精神，喜欢探索未知和挑战极限，追求不断超越自我。

品牌代表：天伯伦、吉普、红牛。

（12）智者

定义：沉浸在知识和真理的深渊里。

特点：一直勇敢探索真理，追求真知灼见的事实派，期望走近事实的真相。

品牌代表：知乎、得到、丁香医生、喜马拉雅FM。

这里再强调一点，品牌通过不断演化，可以成为1~2个原型，也可以通过一个原型变为另一个原型。

11.1.3 思想的独立

做品牌工作最大的障碍就是在品牌建立阶段听到不同的声音，在品牌决策过程中感觉每个人都是品牌专家，都能够畅所欲言，给出建议，从而导致在品牌面向市场的过程中定位的缺失。

《乌合之众》书中写到，当个人是一个孤立的个体时，他有着自己鲜明的个性化特征，而当这个人融入了群体后，他的所有个性都会被这个群体所湮没，他的思想立刻就会被群体的思想所取代。而当一个群体存在时，他就有着情绪化、无异议、低智商等特征。

在2020年，我作为顾问服务过的两个初创企业失败，其失败的根本原因是创始人在面向市场的时候，由于不断地听取不同的声音，在决策过程中摇摆不定，没有坚持初衷，一天一变，今天听说流量推广是最快实现品牌曝光和转换的重点，明天又听说社群营销是裂变的最快方式，导致没有坚定的品牌推广意志，最终以失败告终。很多人在品牌建立和推广阶段陷入"乌合之众"的陷阱中，导致最终的遗憾或失败。

在新消费时代下，我们需要用一种独立的思想去研究我们的消费者，去思考企业的品牌价值观和消费者之间的融合。你说速溶咖啡没有机会，雀巢已经做得那么好了，而且现在消费者都喝现磨咖啡，那三顿半是怎么成功的？可口可乐做得那么大，饮料也没有机会了，那元气森林又是怎么成功的？除了创始人对于行业市场发展的敏锐洞察之外，对于品牌传播的独立思考也是非常重要的。

我们思想独立的核心指标是利用体验设计占领消费者的心智标签，而这个心智标签就是你的品牌信息。品牌信息传播的重点就是不受外界的影响，尊重你的品牌人员的专业性，花更多的精力去理解消费者的语言，建立独特的品牌传播战略。

11.2 品牌的慢

天下武功，唯快不破。尤其是在新消费品牌这个"炮火连天"的战场，快就是武器。谁拥有了时间，谁就抢占了市场。品牌就像一只不停运转的钢铁巨兽，被多变的消费者需求驱动着，轰隆隆地去追赶每一个赛道增速飞快的浪潮。像完美日记，以竞品难以企及的速度出新，给整个行业带来冲击；像Ubras，在直播、抖音、小红书全域饱和投放，大张旗鼓地渗透到每一个消费场。

在这个快者为王的时代，很少有品牌能逆流而上，去寻找品牌的慢。而观夏正是一个为数不多的寻找慢的品牌。这个小众国产香薰品牌诞生于2018年，2019年1月产品上线，最初以一款晶石香薰火爆全网，同年年初，便获得真格基金和IDG资本的天使轮融资，据悉产品依靠口碑产生的自然复购率超过60%。

不做广告投放，连产品都是限量发售。在抢风口、拼渠道的当下，观夏像个隐居深林的逸士，和整个流量场背道而驰。任凭外界风起云涌，它依旧烹茶熏香，云水禅心。在快节奏的消费品领域，观夏这种慢节奏的生意模式引起了行业的好奇。

以慢对快，亦是品牌之道。做品牌就像登山，坐缆车的人能最快登顶，但却错过了沿途的风景，而一步步攀登的人虽然领略了美景，但也错失了一览众山小的先机。市面上绝大多数创业者，以快制胜。找到一条增速最快的赛道，从细分品类切入，依托资本疯狂出新，降低供应链成本，再利用大渗透铺渠道，频繁集中让产品曝光。等产品形成难以逾越的价格和心智壁垒，再根据时下流行的精神文化，创造出迎合消费者的价值观，这就成了品牌。

另一种，就是慢慢来，用时间构筑护城河，以慢取胜。观夏就是这样，先构建好精神殿堂，再用产品堆砌填满整个宫殿。品牌由最原始的价值观演化而来，而产品只是这些精神的表达形式和载体，产品为了品牌而服务。

培养调性，传递价值，引领市场，这是第二种做品牌的模式。

观夏就属于第二种。而观夏为何能选择这种品牌模式，这与它创始团队的经历有着千丝万缕的关联。观夏的创始人是中国第一代全球美妆跨境电商人，在帮助无数早期中国品牌依靠流量、爆款打法在电商平台迅速崛起后，随着时间推移销声匿迹之后，打算静下来做一件慢节奏的事，做一个有着高品质，能给人们的生活和精神世界带来些许改变且经久不衰的品牌。

当今，中国文化现在正处于复兴的风口，但目前却没有一个香氛品牌能对这些味道进行完美的输出和表达。一个能真正展现东方香味的好品牌，不仅能让人们重新找回记忆里留存的味道，还能输出对于中国的文化自信，这为观夏的成立提供了背景基础。

香氛不是刚需，它的品牌发展需要遵循市场规律，需要相对长久的时间。大多数中国创业者都在追求三年催生一个价值十亿元品牌的节奏。而观夏认为，这只是个"大"生意，并不完全意味着好生意。但是观夏只想做个"好"生意。比如：一年只想做好一件事，第一年让用户知道有一个东方原创品牌在认真地做东方香味；第二年则是深耕"认真生活的每一天"这一心智，去传递认真生活的理念。

用做杂志的方式做品牌。如果说大多数人把品牌作为一个生意去运营，看重的是流量和转化率，观夏则更像是在运营一本精致的生活方式杂志。在这本杂志里，任何香薰和晶石都只是一页页的故事，而创作目的就是告诉人们如何好好生活。人们既然可以将虚拟的内容承载在网络上，亦可以把品牌的理念与故事投影在香氛产品上，让消费者在拿到产品时，就像在读一本精美而富有创意的杂志，为之着迷与感动。就像那句话说的，内容是目的，产品是载体，观夏团队就在用做杂志的方式，做好每一件产品。

以柔克刚，以慢制快，观夏把内容和产品看得比流量更重要，如果说流量是一股猛烈的狂风，能帮助品牌迅速占领一席之地；那内容和产品就是润物细无声的雨露，能在时间的帮助下帮品牌沉淀出一群忠实粉丝。

对于流量，观夏更在意内容。观夏内容输出的主阵地在微信公众号。每一期颇有情调和质感的推文，都能让人犹如置身于东方诗意的场景之中，对香氛产生无限渴望。之所以选择微信公众号，是因为它是兼具品牌会刊和电商商城的双重功能的载体。公众号就成为了品牌的宣传门户。此外微信还是一个电商商城的前端内容载体，服务号一个月可以递送4次信息，是观夏做内容深耕DTC（Direct to Consumer，直面消费者）的绝佳选择。

同时对于观夏来说，定制化为香氛产品额外赋予了礼物的属性，而礼物是能够二次传播的，收礼人在收到观夏的产品后，会产生社交货币，从而有很大概率发朋友圈。这既为产品赋予了温度，为内容增添了情谊，还降低了观夏的传播成本。抓住中国风兴起的当口，在快节奏里做一个慢品牌，观夏以一种截然不同的方式，做了一件许多人都在做的事。

11.3 品牌的美

新消费品牌是互联网原生的品牌，主要有三个显著特点：新渠道（以微博、小红书、抖音、B站等新媒体为主要营销平台，以电商渠道为主要销售阵地）、新人群（Z世代人群为其消费主力军）、新供给（依托于中国成熟的供应链体系，反向定制产品）。

传统媒体时代的品牌历史悠久，在产品或服务上具有高品质、知名度及美誉度，在营销上，媒体投放渠道广、极具中心化，而且大多数品牌爱邀请明星为代言人。与之相比，新消费品牌在产品及营销上具有以下四个特点：更加注重产品的设计感，有统一的风格，更加符合现代年轻人的审美追求，高颜值。这样的产品本身就极具传播性，能让人产生分享的欲望。当然高颜值不一定是帅、美，而是具备独特性。企业产品聚焦在细分市场，差异化定位全新的消费场景。新消费品牌在建立和传播的过程中，一定要放大品牌的美，去寻找其独特的识别度，这是企业经营品牌最重要的事情。

我们思考下，有的明星虽然不帅，但是极具识别度。企业品牌就应该如此，不能"整形"，要放大独有的美，才能有识别度。那么我们怎么去放大品牌的美，去寻找独特的识别度，让消费者能够产生更有记忆度的体验时刻呢？

在我看来，品牌的美就是品牌主运用消费者旅程与消费者时刻创造更多给予消费者的温度感，从整体消费者旅程中寻找重要的体验时刻发挥品牌的美，感动并温暖消费者。特别是线下企业和消费者在互动中，更需要运用消费者旅程和消费者时刻，做到独特性，将品牌传递到消费者心智中。

消费者旅程，也称消费者历程。消费者旅程的核心思想是无论它的表现形式是5A（即意识、注意、询问、行动、拥护），还是AIPL（即认知、兴趣、购买、忠诚），都将消费者的购物行为描述为从认知到兴趣，再从兴趣转化为购买，以及从购买转化为忠诚的一连串先后发生的过程。这一过程被称为消费者旅程。

消费者旅程理论在新消费时代下，也可以有不同的思考。这并不是说消费者一定会遵从我们设想的这个顺序，比如我们从购买转化为兴趣，又从兴趣退回认知，消费者旅程并不会像这样随意逆转。但消费者显然在大多数情况下也不会按照5A或者AIPL模型这样的过程进行下去，因为消费者可能会跳跃。比如，对于冲动性消费者来说，从意识（aware）直接进入到行动（act），一旦发现某个产品的存在，就立即购买了；或是从兴趣直接跳到忠诚，并没有购买这个产品，却相信这个产品很好，而向其他人推荐这个东西。

不仅如此，在研究消费者旅程的时候，我们无法抓取消费者的真实心理过程，因为这一过程很多时候并不会表现为行为。如果产生购买行为，有可能只是身边朋友的推荐让他改变了看法。因此，我们在研究消费者旅程中需要依赖于另外一个工具模型，即消费者时刻。

消费者时刻（MOT，也称体验时刻、关键时刻）是消费者旅程中的一些关键"里程碑"似的重要节点。消费者时刻是由北欧航空公司前总裁詹·卡尔森创造的。他认为，关键时刻就是顾客与北欧航空公司的职员面对面相互交流的时刻，放大之，就是指客户与企业的各种资源发生接触的那一刻。这个关键的时刻就决定了企业未来的成败。

卡尔森在1981年进入北欧航空公司担任总裁的时候，该公司已连续亏损且金额庞大，然而不到一年时间卡尔森就使公司扭亏转盈。这样的业绩完全得益于北欧航空公司员工认识到：在一年中，与每一位乘客的接触中，包含了上千万个MOT，如果每一个MOT都是正面的，那么客户就会更加忠诚，为企业创造源源不断的利润。

卡尔森提出：平均每位顾客接受其公司服务的过程中，会与5位服务人员接触；在平均每次接触的短短15秒内，就决定了整个公司在乘客心中的印象。故定义：与顾客接触的每一个时间点即为关键时刻，它是从人员的外表（appearance）、行为（behavior）、沟通（communication）三方面来着手。这三方面给人的第一印象所占的比例分别为外表52%、行为33%、沟通15%，是影响顾客忠诚度及满意度的重要因素。因此，推动MOT可有以下的预期效益。

① 服务质量标准化：提升服务水平，减少服务纠纷。

② 训练优质员工：经由完整的MOT训练让员工发自内心关怀顾客并提升事情处理能力。

③ 强化人际关系：强化服务过程，员工对顾客做好个人营销，可扩展个人人际关系。

④ 提升工作效率：协助第一线员工在第一时间对顾客做好完整的答复及应对。

⑤ 加深品牌记忆度：通过MOT的执行，能够强化在服务过程中消费者对于品牌的记忆程度。

⑥ 带来转化和复购：顾客良好的体验过程，能够为企业带来更优的转化，同时强化复购率，提升销售额。

当企业要想让消费者获得最优的消费者时刻，企业必须在组织架构上进行调整，传统的、垂直化的公司结构将为扁平结构所代替，甚至引用阿米巴的管理模式，引导企业员工在执行的过程中，不断持续改善，以此形成一套独特的企业品牌文化和手册。

例如，当某个消费者在搜索某个产品或者某个餐厅的时候，又或者把这个产品的信息分享给其他人时，你可以和团队一起想象这个消费者旅程的全路径，就像或明或暗、若隐若现的一条崎岖不平的道路，而消费者时刻就像这个道路中间燃烧的火把，指引着这条路的方向。

作为品牌主，很多时候我们无法直接控制和引导消费者旅程，但我们能通过消费者时刻来对消费者旅程持续影响。甚至很多时候，我们也无需参透消费者旅程到底是什么，我们只需设计消费者时刻，以此对消费者旅程施加影响，从而让消费者在这个过程中快速切入下一个更接近消费者转化的场景。

我们来看一个线下的场景，在某超市的货架上，两款很相似的产品，更多的客户选择购买了这个产品，放弃了那个产品。如果对消费者做一个调研，他可能会说"都一样啊，只是随手拿了一个"。但这个看似运气更好的产品，实际上可能做了以下事情。

① 价格锚定：产品的售价是9.9元，而不是10元。

② 便利方向：放置在超市货架上很显眼和很便利的格层。

③ 包装设计：净重一样，但外包装设计得要大一些。

④ 平面广告：超市的物品摆放过道上，有产品的宣传和促销的海报。

⑤ 细节执行：货架贴的设计及改善、现场销售的话术、促销设计等。

当然，每个成功的产品，品牌做的还有很多，这里只是列举了其中一部分。在产品越来越同质化的情况下，产品能否取得成功，不仅仅取决于产品本身的好坏，固然好的产品可以增加畅销的概率，但它不是畅销的必要条件，这也给品牌主带来了更为巨大的挑战。

消费者行为的研究，一直是营销工作的重点。只有很清晰地知道我们的消费者是怎样选择、购买、使用、处置产品和服务的，品牌主才能更好地满足客户的需要和愿望。

在消费者购买决策过程中，除了我们说的消费者时刻，直接影响和决定消费者的购买行为是品牌和营销的"决胜点"。同时我们要深化消费者时刻的4个不同的关键时刻，我们称其为营销的4大关键时刻点，分别是零关键时刻（ZMOT）、第一关键时刻（FMOT）、第二关键时刻（SMOT）和终极关键时刻（UMOT）。

首先是零关键时刻，意思是在某种情况的刺激下，一个人最初的心理上的活动，让他意识到他需要购买某个东西或者服务。对于百度而言，这个心理上的活动体现为在搜索引擎上进行搜索。对于阿里巴巴而言，这个心理活动起始于一个人开始对一个一段时间内从未搜索过的某类商品进行搜索。

其次是第一关键时刻，是指消费者看见产品并形成第一印象的时刻。当消费者站在货架前面对一大堆的果汁饮料时，脑子里决定买哪个的那3～7秒，这关键的3～7秒，我们就把它定义为第一关键时刻。

第一关键时刻在新消费时代下，我们认为推送给消费者的最佳时刻是在他们首次站在货架上看到产品实物的那一刻。影响第一关键时刻的不仅仅是产品外观或包装的美观，更重要的是该包装所引发客户心中的观感、情感和价格预期，要想办法专注培养客户的这些感觉，决战在"陈列架前"。在现实案例中，华与华公司的很多方法都有提到用货架思维去转化第一关键时刻，建议大家多去阅读和学习。

第二关键时刻是消费者购买后体验的环节，实际上我认为是非常重要的时刻环节，品牌主在这个过程中执行完美，将会在之后产生消费者的持续复购。这不是一个时刻，而是一个过程，是客户体验产品过程中的感官、情感等所有时刻的集合，也包括品牌主在整个过程中支持消费者的方式。第二关键时刻是消费者体验的关键环节，这个时刻是植入和执行品牌承诺最好的时刻，如果品牌承诺在这个时刻能够完美执行，那么消费者的复购率将会达到预期；反之，将会较低。品牌主必须要知道，兑现品牌承诺，展现品牌个性以及超出客户期望，这永远是最重要的。

最后一个消费者时刻是终极关键时刻，如果在第一、第二关键时刻我们的消费者得到了美好和愉悦的体验，那么他也许会成为品牌的粉丝，关注品牌的微博、公众号、抖音号等，他还可能会与朋友或同事在线上或线下分享他的消费体验，甚至花时间写下评论，分享给朋友们，以此达到"种草"的目的。

终极关键时刻是消费者基于对品牌的产品和服务体验，并通过UGC创造与分享内容，发布在网站社区、抖音短视频等平台，以及微博、朋友圈、小红书等社交媒体，供其他的消费者搜索和浏览到的时刻。那么在线下，我们可以理解为当消费者在逛完整个商场后，最后的一个感动"惊喜"的时刻，也被我们称为峰终定律。在MBA的案例学习中，宜家"1元甜筒"背后的营销策略，是利用1元钱的甜筒，提升你的体验好感，吸引你进门消费，还让你帮它在朋友圈打广告。消费者在整个购物历程中的最后一个关键时刻，往往就是把自己的商品体验分享出去的时刻。

消费者时刻理论对于营销的重要意义在于，如果我们能够及时地发现消费者所处的关键时刻，我们就很有可能在恰当的时间以恰当的方式影响他们。所以，过去的消费者时刻理论比较多强调理解、把握和抓住消费者的消费者时刻，而如今则更强调要为消费者创造消费者时刻，并且通过设计消费者时刻而影响甚至是控制消费者旅程。

想要把握消费者时刻，一般来说，我们主要运用的是归因法。以前的归因，范围比较窄，只能查看一个网站的流量之间的归因，即类似于"看了广告，又搜索，然后又用优惠券"之类的归因。今天的归因，则主要依赖于多触点消费者行为数据抓取和打通的工具，例如第一方和第二方DMP（Data Management Platform，数据管理平台），能够部分实现多触点（跨域跨平台）的归因。

实际上，当下的营销更多是自动化营销、智能化营销、大数据营销等，涉及基于消费者行为的部分，本质上都是利用的这一类的归因数据的收集和分析，而其根本，也就是消费者时刻的方法在数字营销中的具体应用。

创造可控的消费者旅程，通过消费者时刻，原本不容易弄清楚的消费者旅程，现在我们有机会一窥其貌，而想影响甚至控制消费者旅程，更是品牌营销人的工作重点。我们通常采用绘制消费者旅程地图，利用消费者时刻来影响和控制消费者旅程。

基本上，绘制消费者旅程，我们通常首先是头脑风暴，团队在一起用便签写第一步、第二步、第三步等，然后再以图像化的方式来表示产品、服务能带给使用者独特体验的过程服务，包含需求、期待和其中过程中的所有体验。

　　任何行业都有与消费者接触的机会，而每一个接触环节，无论线上线下都算是服务的范畴。举例来说，若在页面上"加入购物车"按钮设计得很小，消费者要找很久，然后弹窗广告页面一直跳出，这就会给消费者留下很差的体验。而线下从店面装潢、动线引导、结账到离开，每一处都是一个服务环节，细分来看项目就会变得繁琐和复杂，也因此需要用一个脉络式、有系统的方式进行顾客经营，这就像是在茫茫大海中需要航海图做引导，否则终将失去方向，而经营顾客，就需要一张清楚的"顾客旅程地图"。如图11-3所示，这张星巴克客户旅程图算是一个初级版的消费者旅程图，我们在制作消费者旅程图中还需要集思广益，寻找到更多的关键时刻，在更多的关键时刻中找准其中1～3个点，从而集中进行优化和改善。

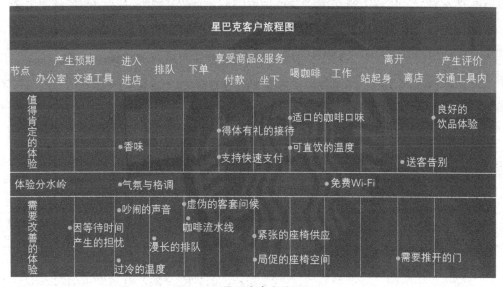

图11-3　星巴克客户旅程图

　　我们需要注意一点，消费者旅程地图并不是对消费者购物旅程的被动表达，而是你对消费者和营销进行互动时，其将会获得的体验和服务的一种设计。

第12章
分化是新消费时代品牌建立的趋势

12.1 重读品牌的起源，先有品类才有品牌

很多企业会陷入一个误区，认为竞争对手推出的产品概念，自己坚决不能再做，只有差异性的产品才具有竞争优势。事实上，一个新的细分市场能否发展壮大，最大的挑战并不是竞争对手，而是消费者对品类的认知。

比如某饮料品牌定位于年轻消费群体，以青春、时尚、梦幻为设计理念，推出了一个新的主打果汁气泡饮料的品牌，并经过大力宣传推入市场，但最终这一品牌并没有长久生存下来。原因就在于该企业只推出了新的品牌，而忽视了品类概念。该企业没有提出新的品类概念，市场上也没有其他企业追随，仅凭该企业的力量难以将这一新型饮料做大，因而走向失败。反观其他品类，脉动、尖叫等品牌都在功能性饮料这一品类中大获成功，品牌的成功不在于产品品类上的差异化，而在于品牌的差异化。果冻、牛奶、酸奶等产品品类的成功就在于几家企业都在做同一个品类，产品品类壮大，品牌差异性突出，品牌的建立才会成功。

在白酒领域，年份酒是一个重要的品类。茅台是年份酒的领导者，但在其刚刚推出年份酒时，市场反响并不激烈。而在其他企业了解到这一概念并纷纷推出年份酒之后，年份酒的市场才得以扩展。如今许多白酒企业都推出了年份酒，如五粮液、浏阳河、泸州老窖等。

其实，年份酒这一产品概念能流行起来，最大的原因就是获得了消费者的认同。在消费者的主流认知中，年份酒是极具品质感和价值感的。只要消费者认可了产品的品质，就为产品销量的提升和品牌的建立、推广奠定了基础。

总之，在建立品牌时，企业必须重视品类的概念，提出新品类的概念，才能够吸引其他企业进入这一新的市场，该品类的市场也才能因此扩展。市场的扩展能够为品牌的建立和发展提供更大的成长环境，品牌也因此能够获得更好的发展。

12.2 开创新品类的六个要点

随着越来越多新兴企业的出现，不同行业中逐渐出现了越来越多的新品类，并且增长迅速。同时，许多传统企业也依靠发展新品类获得了稳步发展。品类竞争成为行业竞争的重要内容。

开创新品类并不是一件容易的事，企业需注意以下六个要点。

（1）开创新品类要顺势而为，而非选择流行

许多企业在开创新品类时分不清流行与趋势的区别，容易陷入误区。流行和趋势的区别表现在以下两个方面。

① 流行往往来得风风火火，趋势往往来得悄无声息。

② 流行的事物生命周期较短，而能够成为趋势的事物生命周期较长。

因此，当一个新事物流行起来时，不妨先等等看，时间能够给我们答案。比如市场中出现过很多流行的新事物：丧茶、脏脏包等。同时，市场上也出现了鲜花饼、水果冰激凌等新事物，而这些新事物出现时，并没有像丧茶、脏脏包等一样红极一时。但随着时间的推移，丧茶、脏脏包等渐渐消失在人们的视野中，这些只是流行一时。而鲜花饼、水果冰激凌等新事物稳步发展，最终成为新品类。

企业必须分辨哪些事物的产生只是流行一时的，哪些新事物的产生能够成为趋势，在开创新品类时，一定要跟随趋势，而非流行。

（2）开创新品类，要锁定竞争对手

企业在开创新品类时需要锁定竞争对手，因为新品类是具有竞争导向的，开创新品类必须要明确打击对象。比如，智能手机的打击对象是键盘手机，如果把智能手机更名为智能助理，那就模糊了智能手机的打击对象。

开创新品类时，一家企业难以把一个品类做大，因此企业要引入竞争对手，和竞争对手一起把新品类的市场做大。比如，蒙牛开发早餐奶时，伊利也跟进了早餐奶这一新品类，早餐奶这个品类因此创立成功。蒙牛也曾经开发过"晚上好奶"这一新品类，但其他奶业当时没有跟进，而今这一品类基本消亡。

总之，开创新品类时锁定竞争对手很重要，其目的就在于借力使力，共同把新品类发展起来。

（3）开创新品类，要在消费者心智里找种子

开创新品类最大的误区就是开创一个消费者心智里不存在的东西。比如，凉茶在消费者的心智里原本是存在的，许多人也知道凉茶能够降火，当王老吉将凉茶进行包装和销售时，消费者能够很容易接受它。但是，如果把凉茶赋予"植物饮料"的概念，就很难被消费者接受，因为消费者心智里不存在"植物饮料"这个概念。

很多新品类并不存在于消费者的心智里面，要想让其被消费者接纳，就需要进行嫁接，即以消费者心智里已有的某个品类为基础，为其嫁接一个新概念，从而衍生出一个新品类。这能够使消费者更容易接受新品类。

比如，有一个名为"高温杀菌酸奶风味饮料"的新品类很难被消费者接受，因为消费者心智中并没有这一概念。但是，现在这一品类的产品十分受消费者欢迎，因为这一品类被重新命名为"希腊酸奶"。产品并没有变，变的是消费者心智中的认知，因为"酸奶"在消费者心智中是存在的，所以把"希腊"嫁接到"酸奶"上，就能更好地被消费者接受。

（4）开创新品类，要防止过度分化

品类分化包括三个方面：价格分化、功能分化、体验分化。理论上来说，品类可以无限分化，但在实际操作中，企业需要对品类分化进行把控，过度的品类分化会对企业发展带来危险。比如如家酒店将商务酒店这一品类分化成情侣商务酒店和亲子商务酒店。如果继续分化，就可能加剧竞争对手和如家进行价格竞争，整个品类的发展也会进入红海。

品类越分化越接近红海，如果某品类已经过多次分化，就应从这一品类中跳出来，着眼于新品类并开创新品类。

（5）开创新品类，要保持运营独立

企业开创新品类时要保证"三个独立"，如图12-1所示。

图12-1　开创新品类的"三个独立"

① 品牌独立，不要用品牌延伸的方法开创新品类。

② 团队独立，在开创新品类时应建立新团队。

③ 财务独立，即具有独立的资金用于团队工作。

运营独立能够保证新品类开发过程中的工作能够独立，不受其他项目工作的影响，同时团队管理、员工工作等细节也能够更明确，有利于企业进行科学决策与管理。

（6）开创新品类，把握发展节奏

新品类从创立到发展的过程是有时间节奏的，企业需要慢慢跟随消费者心智接受的节奏来发展新品类，不可急于求成。一些企业在开创新品类时，要么会进行铺天盖地的宣传，希望更多的消费者能够更快了解到新品类，要么不懂得坚持，在刚推出新品类发现反响平平后就马上终止尝试，这两种做法都是不合理的。消费者认知、接受一个新品类需要经过一个过程，企业也要根据消费者的反馈调整创立新品类的节奏。

12.3 建立品牌的七个要点

建立品牌是一项复杂的工作，企业需要重视从品牌初建到品牌发展过程中方方面面的事情，只有把握好建立品牌的诸多要点，企业才能够成功地建立起一个品牌。建立品牌的要点如下。

（1）确定品牌的品类

先有品类，再有品牌，在建立品牌前，企业需要确定品牌的品类。在这方面，企业既可以开创一个新品类，也可以重新定义一个品类。

比如，君乐宝就开创了"芝士酸奶"这一新的酸奶品类，并确定了其品牌——涨芝士啦，上市仅两个月，单月销售额就突破1000万元。如今，在蒙牛、伊利等品牌纷纷推出芝士酸奶的当下，君乐宝的芝士酸奶依然是品类里的领导品牌。

除了创新品类外，企业也可以重新定义品类，即当一个品类里已经有了许多品牌的时候，企业可以通过重新定义品类来打造自身品牌的差异性。比如，斯巴鲁这个汽车品牌不是太大众，但其利润却很好，这是为什么？汽车SUV可以选配两驱或四驱，而斯巴鲁汽车只有四驱，四驱已经成其特性，在一定程度上讲，其开创了一个新的品类——四驱车。重新定义一个品类并不意味着企业需要研发新产品，而是进行观念上的创新。

（2）为品牌命名

在建立品牌时，企业需要做的最重要的一个决策就是为品牌命名。品牌的名字十分重要，它决定了消费者对于品牌的第一印象。比如三只松鼠、百草味、新农哥这三个品牌，虽然后两个品牌也是坚果品类里的知名品牌，但明显三只松鼠的品牌名与坚果品类关联性更强。如果消费者在选购坚果产品时同时看到了这三个品牌，那么第一个进入消费者心智的往往就是三只松鼠。

（3）重视视觉锤的作用

许多企业在打造品牌时并不重视视觉的作用，但事实上独特的视觉体验是定位品牌、加深消费者品牌认知的重要工具。人的大脑分为左脑和右脑两部分，右脑处理视觉信息，左脑处理文字信息，两者相互影响，而视觉往往先于文字被大脑接收，并最容易留下深刻的印象。因此，在建立品牌时，企业需要打造品牌的视觉特性，形成视觉锤。

打造视觉锤，即通过个性化的图形、代表性的颜色等打造品牌特色，使品牌能够快速、深刻地进入消费者的心智中。比如，苹果的标志是一个被咬了一口的苹果，这一标志极具个性，能够加深消费者对于品牌的印象。

再比如，我国白酒市场中异军突起的品牌洋河"蓝色经典"就通过独特的颜色打造了品牌的视觉锤。市场中大多数白酒品牌都以红色为主色调，而"蓝色经典"采用独特的蓝色作为主色调，使品牌从众多的白酒品牌中脱颖而出。

从普遍的认知上来说，蓝色并非白酒品牌的最佳选择，这一颜色并不符合白酒强调历史、喜庆的调性，但其却具有差异性，使品牌能够从市场中一众以红色、黑色、黄色等颜色为主色调的白酒品牌中脱颖而出。由此产生的效果就是，当消费者看其他颜色的白酒时，可能无法断定是哪一个品牌的白酒，但如果看到蓝色包装的白酒，就会马上想到"蓝色经典"。

在品牌起步阶段，产品所到的任何地方都是传播品牌的战场，因此打造视觉锤非常重要。

（4）持续地进行公关

品牌的建立离不开持续地进行公关，只有让品牌持续地出现在消费者视野中，不断加深消费者对于品牌的认知，才能够成功地将品牌建立起来。首先，企业需要持续地进行品牌推广，如投放广告、召开新品发布会、开展各种促销活动等。其次，企业要重视品牌维护，如发生不利于品牌建立的危机事件，应积极、快速地进行危机公关，将事件对品牌的不良影响降到最低。

（5）建立品牌需要两个战略：短期和长期战略

品牌建立需要两个战略：一个短期战略和一个长期战略。短期战略即在一段时间内，尤其是品牌建立初期，聚焦较小区域市场，集中进行品牌公关，累积品牌势能，形成品牌口碑，从而使品牌成功建立。长期战略即着眼于更广阔的市场，进行品牌宣传和推广。建立品牌的最佳战略为先在最高势能的市场打造品牌的影响力，再向更广阔的市场推广。

以美国著名社交平台Facebook（脸书）为例，Facebook与Friendster、Myspace曾为美国三大社交平台，其中Friendster于2002年在全美范围推广，Myspace于

2003年在全美范围推广，Facebook于2004年从哈佛大学内推广。前两个品牌推广的时间比Facebook早，且都是进行全国推广，而Facebook在起步时只在学校内部推广。学校推广是一个高势能点，当学校里很多人都在使用Facebook时，其创始人扎克伯格开始进行品牌宣传。三年后，扎克伯格才宣布Facebook走出校园，全面开放。而在之后的时间里，Friendster和Myspace先后被收购，只有Facebook在不断发展壮大。

为什么很多品牌会悄无声息地消失？原因就在于缺少了建立品牌势能的阶段，在品牌创建初期，重视短期战略的建立，小范围地大力度推进品牌，才能够建立品牌势能，为之后品牌的长远发展打下基础。

（6）把握战略节奏

在建立品牌的过程中，企业要注时间规划，把握战略节奏。在战略节奏的初期阶段，要做的工作包括两个方面：一是累积品牌势能；二是控制成本，不要花太多钱。接下来就要等待拐点，即等待一个能够让品牌快速成长的转折点。企业要时刻关注市场动向，一旦发现品牌能够快速成长的契机就要及时抓住。

（7）足够的时间或资本

建立品牌需要有足够的时间或资本。你没有足够的时间，就要有足够多的钱，可以用更高的成本、更高的代价，获得更好的投资标的。你如果没有足够多的钱，你就要有更多的时间，用耐心来培育一个新的增长机会点。

战略是事先规划好，又要经过时间来检验的。经过时间的检验，你会发现已经规划好的战略有时没有生效，但同时你也许会发现更有效的战术，从而形成了新的战略，这就涉及战略的微调。比如南孚电池在丰蓝1号上的实践就很典型，其起初准备进入"防漏液"市场，过程中发现进入这个市场很难，又发现"燃气灶电池"这个新品类不错，于是转向新品类，这就是战略调整。

新品牌到了一定阶段就需要足够多的钱。品类顺势启动时，首先要找到足够的资金，把握住品类的第一，你才会得到更大的回报。这个时候筹集资金的能力是非常重要的。

第13章

建立品牌失败的七条教训

市场中每年产生的品牌有很多，悄然消失的品牌也有很多。要想成功建立品牌，企业就需要了解建立品牌失败的教训，并在实践中规避这些误区。

13.1 观念混乱，方向不明

许多情况下，企业在建立品牌前都充满了热情，但进入品牌打造阶段却往往止步不前、屡屡受挫。原因就在于许多企业虽有一身斗志，但观念却极其混乱，最终使品牌的建立无疾而终。建立品牌过程中的观念混乱、方向不明主要体现在以下三个方面。

（1）思想禁锢

思想禁锢表现为许多企业的创新能力不足，一些品牌在建立时难以跳出行业内其他品牌的框架，只是在吸收其他品牌优势的基础上进行了微创新，而行业中已经存在的品牌已经占据了大部分市场份额，微创新的品牌竞争优势严重不足，品牌建立自然也不会成功。

（2）摇摆不定

许多企业都存在一个问题，那就是摇摆不定，没有自己的坚持，容易人云亦云并否认自身。这样的企业在建立品牌时，屡屡在取舍的情况下摇摆不定，不清楚品牌的出路在哪里。

（3）痴迷于模仿

许多企业在建立品牌时不靠创新，而靠模仿。这些企业建立品牌的起始点并不是由于自身有新的创意或是新的产品，只是由于别的品牌有了新的创意或新的产品，在看到产品市场反响不错的情况下，就快速建立品牌，打造新品类产品，这种跟随式打造品牌的做法难以使品牌获得很好的发展。

观念混乱、方向不明是建立品牌失败的重要原因，企业要想打造出成功的品牌，就需要做到稳、准、狠。

稳：市场时刻都在变，消费者的思维也是如此。在建立品牌时企业要保证稳中求胜，稳得住心神，才能不被市场的表象所影响以致做出错误的决策。稳住心神，仔细分析自身优势、市场趋势、竞争对手及消费者需求后，才能做出更科学的决策。

准：准即明确品牌定位及品牌发展的方向。聚焦于细分市场能够让品牌的建立与发展少走弯路，比如当下十分火爆的元气森林就聚焦于苏打气泡水这一细分领域，着眼于年轻消费群体的需求，推出"0糖、0卡、0脂"的气泡水，迅速在年轻消费群体中建立了品牌影响力。

狠：一旦确定了建立品牌的方向，就要集中力量快速行动。这时的企业切不可犹豫不决，犹豫不决就会为后来者提供机会，最后自己的品牌也会成为其他品牌的模仿者。

13.2 陷入产品"自嗨"，忽略消费者需求

很多企业都有这样的苦恼：我的产品比市场中的许多产品都要好，为什么却卖不动？产品的包装设计得十分新奇，为什么消费者并不买账？如果品牌在营销过程中存在这样的问题，则可能已经陷入了"自嗨"式营销的陷阱中。

在品牌营销的过程中，很多人都会习惯性地站在企业的角度思考问题，从工艺、技术、企业实力等方面感慨品牌的竞争优势，并以此进行"自嗨"式的品牌营销——"我们的专利技术在业内遥遥领先""我们的产品比同类产品拥有更多的功能"，品牌营销铺天盖地，但却不见成效。

其原因就在于只站在企业的立场上进行营销而忽视了消费者的需求。品牌营销必须立足于消费者的需求，其目的就是使消费者产生某个特定需求时，能够优先选择该品牌。

为什么必须要重视消费者的需求？首先，消费者接触品牌的信息是碎片化的，其接受品牌信息时有以下几种碎片化场景。

① 从遇到的问题出发，寻求问题的解决方案。

② 从周围人的聊天中获取品牌的部分信息。

③ 从电视或网络中的广告中获取品牌信息。

④ 逛街、逛超市时看到了品牌信息。

其次，消费者获取品牌信息、完成购买行为、产品使用、推荐给他人的整个流程同样存在于碎片化的场景中。

碎片化的接触方式决定了每一个品牌信息都必须具有极强的穿透力，能够精准传达统一的品牌信息，使消费者每次接触到品牌信息都能形成叠加效应，当某天产生需求时能够第一时间想到品牌。

以六个核桃为例，六个核桃的品类为核桃乳，品牌名称为六个核桃，暗示产品真材实料，其价值体现在"多喝六个核桃，能及时补充大脑所需营养"，目标人群为学生、其他脑力工作者等，品牌宣传语为"经常用脑，多喝六个核桃"。其品牌营销的内容整齐划一，系统地传达出一个信息：六个核桃为核桃乳，具有补脑功效，适合经常用脑的人。简单直接且持续的品牌营销在许多消费者心中留下了深刻印象，影响了其购物选择。

如果不理解消费者接触品牌信息的碎片化的场景，有针对性地进行品牌核心价值的营销，就会造成消费者对品牌价值产生混乱认知，不仅浪费营销费用，还会影响品牌形成的进程。

13.3 "死"于股权纠纷

很多企业都是由几个合伙人共同创办的，对于这样的企业来说，最重要的就是设计合理的股权分配机制。如果企业的股权分配不合理，那么就容易激化合伙人之间的矛盾，最终使费尽心血建立的品牌毁于一旦。

梁某和王某合伙成立了一家甜品店，梁某提供技术，王某负责店铺运营管理，两人各占50%的股份。经过几年的经营后，甜品店的规模不断扩大，除了这家甜品店之外，还新增了3家分店。梁某依旧负责技术、负责员工培训，而王某依旧负责店铺的运营管理。在几年的发展过程中，该甜品店也成功打响了自己的品牌，吸引着越来越多的顾客。

随后两人成立了一家食品有限公司，准备进一步扩大发展规模。但在之后的合作过程中，两人的矛盾也越来越多。首先，在公司未来的发展规划方面，两人有着不同的意见，梁某认为公司的品牌刚刚打响，接下来应投入更多的资金做新品研发，巩固品牌形象，而王某认为新品研发可以以后再做，当务之急是借着品牌当前的知名度和影响力不断进行扩张，提高公司的利润。双方都有着各自的支持者，每次召开公司会议，两方人员都会争吵不休。会议得不出统一的意见，公司也失去了许多发展的机会。

其次，随着公司的发展，王某身上的担子也越来越重，扩展销售渠道、寻找客户、挑选供应商等都是王某负责的工作，而梁某只负责员工技术方面的培训或进行一些技术创新工作。在王某看来，自己远比梁某付出得多，但两人的股份却是平等的，这对自己很不公平，于是经常就此事和梁某产生争吵。

由于两人总是争吵，难以得出一致的意见，品牌的发展规划也不得不停滞。最后，该品牌在激烈的市场竞争中败下阵来，公司也走向了破产。

很多品牌没有成功建立的原因就在于股权纠纷，品牌的建立需要一条清晰明确的发展规划，而如果企业的创始人没有对于品牌发展规划的决策权，就无法支持品牌的发展。

为保证品牌稳定发展和成功建立，创始人需要保证自己的决策权。具体而言，创始人需要在建立企业之初就规划好企业的股权分配。股权一般依据出资、技术等要素进行分配，要保证自己的控制权，创始人就要保证自己的出资多于其他合伙人，或者将自己的出资、合伙人提供的技术等折算成合适的贡献比例，依据贡献比例设计股权比例，同时保证自己的控制权。

同时，企业是处于不断发展之中的，创业之初分配的股权可能会随着企业的发展变得不再合适，这时创始人就需要重新设计股权。不过不论股权设计如何变动，创始人都要保证自己的控制权。

13.4 选错赛道，进入无论如何努力也做不起的失败困境

建立品牌是有正确赛道和错误赛道之分的，明明产品很好，也投入了大量的资金进行品牌营销，可产品销量却不尽如人意，这种情况可能是因为误入了一个错误的赛道，无论怎样努力也无法成功建立品牌。

传统的营销观念认为，只要产品比市场中的其他产品更能满足消费者的需求，就可以成功建立一个新品牌，其实并不是这样。市场中的竞争是残酷的，消费者的同一需求可能能够被许多品牌满足，比如在空调领域，美的、格力、海尔等品牌的竞争从未停止过。在建立品牌的过程中，选择一个竞争激烈的赛道往往会让品牌夭折。

比如，某企业计划斥巨资打造一个矿泉水品牌，但在市场中，从进口高端品牌依云到国产高端品牌5100，从定价1元的康师傅到定价2~3元农夫山泉、百岁山，基本实现了不同阶层消费人群的覆盖。

而该品牌以天然高山矿泉为卖点，将产品定价为5元，产品品质没有问题，但是在购物需求被其他品牌充分满足的情况下，很多消费者难以接受这一高价新品牌。同时，该品牌也无法给出让消费者高价购买产品的理由，最终该品牌很快在激烈的竞争中败下阵来。

很多领域的品牌竞争格局已经固定，企业必须接受"需求有限"和"竞争激烈"的两大现实，在建立品牌之前，必须对品牌的竞争环境做出科学判断，找准赛道。

13.5 "死"于流量饥饿症

"死"于流量饥饿是一种常见的建立品牌失败的原因。一些企业将建立品牌的重点放在引流方面，几乎所有的营销活动都与引流有关，认为只要有了流量，品牌就能够成功建立并发展起来。但事实上，结果却不尽如人意，一些企业投入了大量的资金进行引流，但流量在引入的同时也在不断流失，引流一旦停止，品牌也将全线崩塌。

流量固然重要，但比流量更重要的是品牌是否能够解决消费者的痛点，只有能够解决消费者痛点的品牌，才能够吸引消费者复购，保证消费者留存。因此企业必须打造好产品，好的产品是吸引并留存消费者的关键。

同时，只引流而不注重留存是无效的，企业必须通过多种方式留存消费者，具体方法如下。

（1）建立会员制

建立会员制是一种留存消费者的有效手段，在引流的同时，企业可表明成为品牌会员的条件与消费者能够享受的优惠，在各种优惠的吸引下，消费者很可能会成为品牌的会员。同时，为了留存消费者，也为了激励消费者进行多次消费，企业需要建立完善的会员体系，明确会员的等级和福利。会员等级越高的消费者享受的福利也会越多，这能够激发消费者的购物热情，培养其对品牌的忠诚度。

（2）建立社群

建立社群对于品牌而言也是十分有必要的。社群能够将吸引来的流量聚集在一起，同时通过发布社群话题、品牌信息、产品优惠等，不断促活流量，使其成为品牌的忠实粉丝。此外，社群也能够为消费者提供一个社交平台，消费者能够在社群中分享购物心得、产品使用技巧等内容，其对品牌的黏性也会逐步提高。

（3）拉近与消费者的距离

在各种社交媒体盛行的当下，企业也要通过各种社交媒体与消费者进行互动，拉近品牌与消费者的距离。比如，企业可在微博、抖音、知乎等多个平台上注册账号并时常发布与品牌相关的内容，也可通过评论与消费者互动，打造出一个平易近人的品牌形象。

总之，引流是建立品牌的重要内容，但只重视引流却不重视流量的维护也难以建立品牌，只有将流量留存下来才能够为品牌积累势能，推动品牌的建立与发展。

13.6 乱用咨询公司，品牌主张变来变去

品牌主张是指企业向消费者传达的品牌价值观，在品牌建立的过程中有着十分重要的作用，能够激活静态的品牌并使品牌更加人格化。品牌主张能够表达的思想有很多，包括功能主张、质量主张、情感主张、理念主张等。

（1）功能主张

功能主张即展示产品的功能诉求。比如：农夫山泉的品牌主张为"农夫山泉，有点甜"；M&M巧克力的品牌主张为"只溶在口，不溶在手"。

（2）质量主张

质量主张即展示产品的质量诉求。比如：乐百氏的品牌主张为"乐百氏纯净水，27层净化"。

（3）情感主张

情感主张即展示消费者的情感诉求。比如：娃哈哈纯净水的品牌主张为"娃哈哈纯净水，我的眼里只有你"；孔府家酒的品牌主张为"孔府家酒，让人想家"。

（4）理念主张

理念主张即展示品牌理念或消费理念诉求。比如：海尔的品牌主张为"海

尔，真诚到永远"；LG的品牌主张为"为顾客创造价值"。

不论企业通过哪种方式展示品牌主张，最关键的一点就是品牌主张一经确立就不可随意更改，企业的营销活动也必须围绕其展开。

很多企业也十分重视品牌主张，并通过与咨询公司沟通确定品牌的主张，但其失误之处就在于十分迷信创新，看到一个新的概念就想用在品牌上，同时喜欢乱用各种咨询公司，一旦某咨询公司表示某一主张好，便立刻开始变革。这是许多品牌建立失败的主要原因。

如果品牌主张总是处于变动之中，每改变一次品牌主张，都可能会使之前的投入付诸东流，这不仅会造成企业资源的浪费，也难以在消费者心中留下一个清晰的印象，最终会导致品牌建立失败。

对于品牌来说，品牌主张确定以后，企业要做的不是变更主张，而是以品牌主张为核心开展品牌营销工作，通过宣传将品牌主张传递给消费者，只需要不断宣传就好。

13.7 资本认为烧钱能烧出品牌

品牌是在不断营销、不断渗透的过程中建立起来的，营销渗透和渠道渗透对于建立品牌具有重要意义。不断地进行营销与渠道渗透，品牌销量与市场份额才能实现持续增长。那么，有一些企业就会据此推导出如下结论：有钱就能促进品牌营销和品牌的持续渗透，就能够成功建立品牌。形成了这种认知之后，这些企业往往会希望通过"烧钱式营销"建立品牌，而这最终也导致了品牌建立失败。

在现实中，在建立品牌方面投入巨额资金的企业并不少，但真正建立起品牌、获得快速且持续成长的品牌依然寥寥无几。推动品牌建立和成长的关键并非是"烧钱"，而是实现品牌渗透。而现实是，很多企业投入了大量资金做品牌营销，却没有达到理想的渗透效果，这是为什么？

（1）预算浪费

品牌营销所选择的营销媒介和销售渠道必须能够触达消费者，才能加深消费者对于品牌的印象，实现较好的品牌渗透效果。

比如早些年，宝洁等外企习惯于用GPR（Gross Rating Point，总收视点）数据衡量电视广告的效果，而媒介代理公司为了获得好看的数据，往往会将广告投放在几乎无人观看的深夜。这样的品牌营销难以触及大量消费者，营销效果自然不会好。随后宝洁调整了营销策略，将营销资金转移到了数字化渠道、网络渠道，增加了触达消费者的规模，提高了品牌渗透率，最终推动了品牌的发展。

（2）缺乏品牌独特性

品牌营销的前提是品牌具有独特性，即具有能够让消费者分辨品牌和记忆品牌的特点，使品牌能够在消费者的心智中留下印象。如果品牌缺乏独特性，无法使消费者明确记住品牌，就会很容易和竞争对手品牌混淆。"分辨"和"记忆"是品牌独特性的两个核心功能，脱离了这两大功能，只谈营销创意的营销活动只会浪费资金。

许多企业都习惯于投入大量资金设计一个品牌价值主张，创造许多复杂的品牌营销素材，以获得消费者的认可或感动消费者，但却忽略了品牌营销最基础的目标——让消费者辨识出品牌、记住品牌。只有让品牌深深植入消费者的记忆中，品牌的价值主张营销才是有效的。

（3）缺乏持续性

在营销策略方面，很多企业都会抓住"6·18"购物节、"双11"购物节等时机进行爆炸式营销，或借助互联网热点事件进行事件营销，但却忽略了平时持续的营销渗透。这是违反消费者记忆特点的，消费者不会根据一次性印象购买某品牌的产品，只有不断通过各渠道看到该品牌，才会记住品牌并且购买该品牌的产品。因此，企业需要持续地进行品牌宣传，一遍遍加深消费者对于品牌的印象。

比如盒马鲜生在开张时引起了广泛关注，但如果缺乏持续性的曝光和品牌渗透，其也会被消费者遗忘。消费者还是会选择每天都能看到的华润万家、人人乐等超市。再如，即便已经成为全球知名的大品牌，可口可乐依旧十分重视品牌的宣传推广，不断地进行品牌营销和渠道渗透。

持续性的营销并不是营销方式或营销渠道的持续性，而是营销效果的持续性，即让品牌持续不断地渗透到消费者的心智中。所以，无论是进行节日营销、事件营销还是日常曝光营销，无论是进行线上营销还是线下营销，最终结果只要有助于品牌渗透，就是有价值的。

（4）产品品质硬伤

许多品牌都可以靠传统的分销、广告的渗透模式，同时借助我国巨大的人口红利和市场差异性实现快速增长。在这种情况下，许多企业都忽视了对产品品质的要求。但在当下的竞争市场中，品牌口碑的竞争越来越突出，如果产品质量不佳，甚至产品存在硬伤，就会大大影响品牌的口碑，进而会阻碍品牌的成长。

比如，以高品质著称的格力无疑是我国空调市场上的龙头企业，其他产品质量较差的空调品牌虽然可通过薄利多销的方式在市场中生存，但却难以获得进一步发展，更无法与格力抗衡。企业要想成功建立品牌，就要保证产品质量，要想实现品牌的持续增长，就要不断提高产品品质并不断创新。

总之，"烧钱式营销"的时代早已过去，要想真正建立品牌，就要保证产品质量、打造品牌的独特性，同时保证营销的持续性和有效性。品牌建立是需要技巧的，一味地"烧钱"营销难以赢得消费者的欢心。

下篇
新消费时代品牌营销的运营

第14章

新消费时代品牌整合营销的十三招

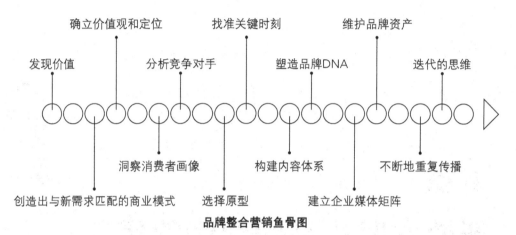

品牌整合营销鱼骨图

14.1 发现价值

随着新冠肺炎疫情慢慢地趋缓，国内市场对于口罩的需求也逐渐回落，甚至因为供大于求，部分投机的口罩厂商落得一地鸡毛、血本无归。这再次证明：满足当下一时所需绝非长久之计，潮退之后，一切又会回归平常。到最后，消费者相信的还是那些知名品牌。因为，除了高品质外，更重要的是这些品牌的不可替代性，而在新消费时代，比拼的正是这份独一无二的品牌价值。

（1）从大市场中寻找隐性需求

从德鲁克的管理学思维出发，创新就是发现一个新的、未被满足的隐性需求，然后重新定义和开创这个新需求。因此，新需求产生新品类、新品牌，这些革命性的创造，最终构建出新市场。唯有这些从"0"到"1"的完全创新，才能被称为新消费。特斯拉就是其中的杰出代表。在汽油车为主流的千禧年初，它的创新开启了电动汽车时代的新纪元。而像抖音之类的直播带货平台并不属于新消费范畴，它只是此前电视购物的一种场景化再造，让消费者的生活里多了一个网上购物的选品官。底层角色没变，主角由主持人变成了网红，介质由电视换成了手机。经过事先的精准筛选，节省了买家的时间，再通过低价路线，让消费者既省事又省钱。

出生于1995至2009年的Z世代消费者，往往是"网红推荐"的超级发烧友。作为祖国的太阳，他们的消费动机可以概括为为社交、为喜爱、为悦己、为人设，肯为自己的个性生活、品质生活持续消费。

无论是新品牌，还是旧品牌，在新消费时代下都应针对年轻人的市场，根据这一群体的审美需求和消费习惯，重新审视自己在顾客心目中存在的那个位置。

我们以国产婴幼儿奶粉著名品牌飞鹤为例，早在多年前飞鹤就研发出高适应配方的奶粉，满足婴幼儿的营养所需，同时，通过对大量的中国母乳研究和科技研发，推出"更适合中国宝宝体质"的奶粉。相对于外资品牌，作为本土品牌的飞鹤，在安全的基础上，更加注重质量监控，这燃起了宝妈们更多的购买欲望。

（2）创造新消费时代下的渠道价值

当企业家和员工明白了各自的任务和共同的目标后，就到了整合内外资源这一环节。明确经销商、供应链、原料供应商、生产配套商如何整合；我们再回到经营顾客层面，百度上有没有你的品牌专区，抖音上有没有你的产品视频，在小红书上有没有明星、KOL为你"种草"，有没有公关公司或者营销咨询公司为你出谋划策，政府机构有没有给予你优惠政策；成交后，你的售后服务、上新频度、积分累计、客服关爱等做得如何。

溜溜梅是一个依托青梅食品打造而成的品牌，酸是零食领域里的一个重要品类，在保有这一核心价值的基础上，溜溜梅研发出了一款名为"原味青梅"的新产品，优选新鲜青梅，当日采摘当日加工，不添加任何防腐剂，竭力保留青梅的原果风味和自然本色。同时精简SKU（存货单位），梳理关键客户、设计创新包装、拓展便利店渠道，让溜溜梅等于青梅品类第一品牌的形象深入人心。通过一系列科普文章，讲清青梅来源于中国，繁荣于日本的前世今生。同时加大青梅产业链的布局，让先前野生的梅子得到人工的精心呵护，从而进一步保证产品的质量和货源的供应。

溜溜梅产品给消费者带来的极致的酸爽消费体验得到多维扩散，强势占位"酸"类食品。这其中，溜溜梅发挥品牌最大特色"酸"，开发了不同类型、不同酸度青梅零食产品——青梅全家桶、无核青梅、青梅梅冻等爆款单品，成功在直播间一次次"出圈"，并且引爆线下销量。比如，2020年4月的某次直播中，其直播累计观看人次破千万，溜溜梅当天成交额突破1000万元，稳坐零食类目直播销量第一。同时，溜溜梅梅冻也一夜之间成为线上线下全网热销的爆款单品。

2020年"双11"期间，溜溜梅推出了新品国风青梅，在"双11"首轮预售中，溜溜梅毫无争议地获得零食类目第一；2020年"双11"期间，在罗永浩、烈儿宝贝等主播的力荐下，溜溜梅"双11"全网青梅零食销量稳居第一，同比增长390%；新品国风青梅系列爆款热卖，国风全家桶全渠道销量超50万桶，国风梅冻全渠道销量超54万件，国风无核青梅全渠道销量超28万件。

借由品牌力的驱动，溜溜梅从产品制造到渠道、品牌宣传皆形成完善的体系化运营，成为中国青梅垂直品类中唯一一个10亿元级品牌。

（3）传播品牌价值（在合适的时间和地点、面对合适的人说合适的话）

在新消费时代下催生了新的复合消费场，具体表现为：圈层人群化，品牌面临更多元细分的需求；沟通明晰化，面对精明的消费者，品牌沟通难度提升；触点多元化，注意力分散，品牌需抢夺用户时间。

① 圈层化引发的三个圈层光环人群。我们由企业的品牌价值引发消费需求，大家不约而同地被这个价值所吸引，进而触动更多人的关注和消费，最终形成一个具备一定特色、属性、年龄、阶层甚至文化的圈层人群。这也就是我们所说的圈层文化。而通过这些圈内人又往往能辐射到三个圈层光环人群。

第一圈人群的优秀代表就是各路KOL的粉丝，KOL通过直播、短视频、小红书等平台分享品牌故事和体验，由他们所衍生的经济现象总能让人叹为观止。

第二圈人群就是"破圈"后引发某种社会现象，形成某种潮流所影响的一类人群。

第三圈人群是在一二波人群后被打上的文化烙印的人群。就像大宝一定不会出现在太古里或者IFS，背后所指代的是不同量级的消费人群。

② 如何应对沟通明晰化？如今，品牌主与顾客端沟通越来越困难已成常态。比如，你拿胡萝卜钓鱼肯定没戏，你得拿蚯蚓当饵才能钓到鱼。想钓鱼，就要理解鱼和它的生活规律。想创造品牌，就必须要非常了解消费者的喜好和个性。知晓了这一层面，下一步便是如何跑在对手前面与顾客沟通交流，直至引起他的兴趣和共鸣。接着，便是在信息粉尘化的时代，通过内容营销，源源不断向外输出品牌影响力，促成流量变现。这也决定了现代品牌打造是一个具备知识门槛、经验门槛、资源门槛的高能力行业。

③ 如何应对触点多元化？作为品牌方我们应该在合适的时间、合适的地点、面对合适的人，说合适的话。展开来讲，就是要重新解构当下的消费者语境，继而明晰要在哪里发声，这是考量品牌方选择传播媒介的能力；要清楚该对谁表达，要能准确锁定自己的核心受众；落在具体的内容呈现上，只有形成自成一派的话语体系，才能收割更多流量红利。例如"95后"人群约占中国总消费人群的18%，但是他们的消费约占了35%，我们在思考年轻群体语境的时候，需要多元化地去接近、了解和关注我们的消费者。

（4）价值的保障者（企业的战略必须要与创始人的初衷高度契合）

新消费时代下，对于传统没落的中华老字号，若想复苏，就需要在传统的4P中创新和变革，从需求端、生产端、营销端、渠道端重新考虑企业再造的问题。基因再造，工程巨大，这就需要一个真正热爱这个行业的企业家去引领、去锻造。概括而论就是找到企业家最擅长和热爱的点，将这个点与顾客价值相连接。

战略制定的第一要点是必须符合企业创始人的理想和创办企业的初衷，并能与企业的愿景、价值观、使命相融合。这一过程也能引发潜在消费者的兴趣和关注，从而人为制造出一条"护城河"，对手靠低价拼销量，自己靠品质搏高位，在顺应认知的指引下，让消费者找到并选择你而不选择竞品。企业靠品质博高位时可以从渠道产品陈列、广告公关传播等经营层面，在最大程度上彰显品牌的尊贵品质，最终实现高价策略，继而实现口碑效应。在达到最佳传播效果的同时，也要把顾客管理、经销商管理、渠道管理、价位管理，口碑管理、客服管理、外部资源管理等方面的内容纳入企业数字化管理的体系中，这样才能让企业战略制定后发挥出最高水平。

14.2 创造出与新需求匹配的商业模式

创造出新消费场景和需求后，要想发展为主流，还要有与之相匹配的商业模式。我们以共享单车行业为例，在繁华的一线都市，共享单车当然是一个新需求，但商业模式上的短板，导致了该领域曾经的两大巨头一个被收购，另一个破产的悲惨结局。我们经常说企业的经营是为了赚钱，为了最终赚钱，可以暂时忍受"烧钱"，但是如果一直亏钱，或者实现盈利的希望渺茫，即使发现了需求，也难以为继。同时还要围绕品牌的核心，打造完整的差异化闭环，这也得出了构建差异化的关键所在——借力竞争对手强势背后的弱势，来突显自己的独特认知。

就拿出行这条赛道来讲，以前出行的赛道只要有数据，有交易指标，"烧钱"都会引起资本的关注，从而顺利获得融资；而现在做出行平台，不仅要有数据、有交易、有活跃用户，还需要能赚钱，需要有品牌的价值差异化，而且还要有生态闭环的商业模式，才能获得融资。

新消费时代，除了产品的差异化，企业也需着力打造新渠道和新营销的差异化。很多公司在做产品的时候就已经在考虑如何传播以及通过什么介质传播的问题了。可口可乐的"包装瓶"，江小白的"文案瓶"，喜茶"五倍大的养乐多"等，用户拿到这些产品的时候，立刻就会产生分享的冲动。同时我们要深刻认识到，新消费时代里，生存的根本是在获客之后，还能将新需求固化为新习惯，并能让品牌始终保持与众不同，竭力为顾客创造源源不断的独特价值，创造出与新需求匹配的商业模式。

14.3 确立价值观和定位

自然堂品牌凭借其母亲节营销案例创意，入围了戛纳国际创意节"PRLions"竞赛单元的两项大奖提名。这个名为《独一无二，你本来就很美Love Lines》的视频短片，主要是围绕对于"美"的定义来展开的。影片借妈妈的话告诉那些想通过整容提升形象的女性，每一个人生来就有自己独特的容貌、独特的美，鼓励女性跳出世俗的审美。

据悉这是中国美妆品牌首次入围该创意节奖项。从数据来看，这部视频发布当天，自然堂微博净增粉丝2.46万人，相关话题登顶新浪时尚美妆话题第一，6天总曝光量超20亿，互动量超过140万。可以说，作为一直以"你本来就很美"为品牌价值观的品牌，自然堂通过这个影片成功地再次在消费者的心智里强化了自己的品牌态度与价值观导向。要打造成功的价值观营销，就该如此。

正如乔布斯所言："营销学，讲的是价值观。"于是，我们可以看到，近几年很多品牌都开始时不时推出"情感营销/价值观营销"视频，里面的主角，要么是"文艺小清新"，要么是特立独行的个性女孩或男孩，或者是自信独立的事业女性，或者是与大众认知相悖的社会边缘群体。总之一切看似容易引起话题讨论的点都会尝试。但最终的结果，却大多是雁过无痕、叶落无声。究其原因，都是没有做好第一步。就像建房子，地基都没打稳，要拔地而起，从何谈起？品牌在进行价值观营销之前，有一个前提是必须要做好的，那就是确立品牌明确的"价值理念"。如果你的品牌至今连价值观都没有，或者模模糊糊，那后续所有投入的资金、人力、精力都将打水漂，沦为空谈。

我们不得不承认，在确立、维护并宣扬品牌价值观这一点上，国外的部分品牌在这方面做得比较好。举例苹果公司，从产品设计到客户的体验，都是一种简约至上、禅学之美，包括苹果的线下体验店整体环境氛围也是一样，品牌价值观清晰明确。所以很多"果粉"都是欣赏和赞许它的设计感和价值观。还有耐克，观察它的广告就会发现，耐克很少做关于产品层面的宣传，它的品牌价值观非常清晰，"Just do it（只管去做）"是一种体育的竞技精神，是勇于挑战自我、不言败的坚持精神。包括后来耐克做跑步者的社群，也是把拥有相同理念的人和热爱运动的人连接在一起，回归价值观营销。

在美妆行业也有很多这样的例子。比如Glossier，强调"无妆感妆容和真实的故事"的品牌价值观。其品牌创始人Emily Weiss曾经多次在接受采访时强调："我在创建Glossier之前曾经采访了很多人，这让我意识到了传统美妆行业的一个问题：美妆行业不应该是由某个'专家'来决定你应该使用什么化妆品的行业。我希望Glossier是一个更加个人化的、能将每个人的个人风格和喜好、时尚结合起来的创新品牌。"

所以，Glossier的广告大部分都避开了传统化妆品行业的宣传模式，没有各种精心设计过的造型，也少见浓妆艳抹的模特和明星，而是以各种淡妆风格的普通女性为主。品牌的宣传口号包括"Skin first, makeup second（皮肤第一，化妆第二）"和"No-makeup makeup（没有化妆品的化妆）"等。Weiss强调，Glossier的产品致力于让使用者在化妆之前就已经非常美丽："化妆应该让你的造型更加独特和有趣，更体现你的个性，而不是让你变得千篇一律。"

自然堂早在几年前就开始做相关的价值观营销了。从2017年高考后针对大学生开展的"18岁，自主的美"到2017年底和2018年初的营销，这些营销活动在各个层面、各种人群中，为自然堂也为中国女性积累着这样自信的美。在2018年的三八妇女节，自然堂特别推出了一部视频广告《没有一个男人可以通过的面试》。视频中女性面试官向男性求职者们提出了一系列与他们的应聘关系不大的问题，而这些问题却是女性在面试中普遍遇到的。

比如：

你有男朋友了吗？

打算什么时候结婚？

打算什么时候要孩子？

视频一经转发，便在社交媒体上引发了舆论的关注。所有自然堂的这些营销传播活动都是围绕着"鼓励、支持中国女性活出自然、自信的自己"这一核心观点进行的。这是今天这个时代，自然堂"你本来就很美"这一核心价值观的具体表现形式。因此，品牌的价值观营销，除了要有坚实的价值观做基础，还要避免脱离现实，尤其是不能错误估计消费者心理，否则不但难以取得预期效果，更可能招来消费者的厌烦，对品牌产生负面效应。

14.4 洞察消费者画像

如果没有洞察就千万不要做品牌，为什么需要洞察？是为了了解消费背后的真相，如此才能展开有效行动。但洞察是什么？首先，洞察不是观察，看看两者的差异，如图14-1所示。

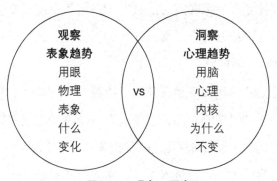

图14-1　观察vs洞察

观察是用眼力发觉正在变化的现象，而洞察是用心探究事物不随时间变动的内核原因。很多品牌人误把观察当洞察，所以走不了心。举个例子：现在的"Z世代"们越来越晚睡，很多人从手动牙刷换成电动牙刷，人们不再时时盯着微信朋友圈，那么这些是洞察还只是观察？当然只是观察，洞察是要挖掘背后的原因：为什么晚睡？为什么改用电动牙刷？为什么朋友圈动静越来越小？若只聚焦在观察，也要注意是少数人的表现还是普遍如此？若是后者才能算是现象级观察。

洞察该如何开始？

① 明确洞察目的，看重范围，但要避免过多的盲点，也不能好奇心泛滥地洞察。

② 观察现象，看重现实、现场、现物。包含资料、数据收集，现场访谈，重复验证，整理。需要保持实事求是的、理性的、中立的态度，以认清现实真相。

③ 推导原因，观察人性，基于事实，开始探寻以上事实背后的原因。比如是人性原因，还是消费行为原因等，从而找出市场机会。

当一个新产品上市，不是去开发人的新的消费习惯，而是在不变的习惯中，找出可助力销售的切入点与机会。

所以在洞察中，需要去挖掘那些不变的事物，那么具备独立思考能力就十分重要了。至于什么时候终止？要直到洞察到不变的底层思维，再也没有为什么可追问为止！

消费者画像是基于洞察去发现消费场景。其中关注点在于：从消费者的日常行为中，一点一滴找到产品存在的必然性。消费者画像的绘制要越详细越好，甚至要有名有姓，最好再放进几个品牌，让画像更立体，比如他开大众吗，去过巴黎吗，用苹果手机吗，喝星巴克还是瑞幸等。

洞察的是与消费者生活和产品有关的、不被觉察的事实。有可能是一个行为的规律，有可能是一种潜在的心态，也可能是一个没说出来的期望。而且洞察隐藏在两个狭小的缝隙里，认知与真相之间的缝隙和表达与认知之间的缝隙。

无传播不互动的年代，消费者不仅是广告内容的观众，也是传播的参与者。品牌传播信息路径从线到网，传播方向变成多变化、多元化。所以，洞察第一是要观察旁人，第二是要多揣摩自己。

14.5 分析竞争对手

渔船出海捕鱼，船长都知道哪边海域鱼量丰富，那他就能获得可观的数量吗？未必，这既取决于他自己和其他捕鱼者的捕鱼方式和工具，也取决于他如何运用与其他捕鱼者的不同之处。接下来介绍的几种方法，使你掌握如何分析竞争对手的品牌定位、优劣势，以及怎样避强击弱，做到知彼知己，百战不殆。

（1）消费者对竞品的印象是什么

我们的潜在顾客往往是货比三家之后，选择一家更符合自己品位的品牌。那你是否知道，是你还是竞争对手的品牌更接近顾客的心理？各个品牌之间的相同点和不同点是什么？各品牌的优势和劣势各是什么？如果无法回答这些问题，表明你的品牌还处于自生自灭的阶段。要规划和掌握自己的品牌命运，我们要做的就是了解顾客对竞争对手品牌的感知。

什么是顾客对品牌的感知？当你身边的人提到某个品牌时，我们会想到哪种或哪些产品。当提到产品时，人们会想到它能有什么功能和属性；哪种阶层或品位的人，在什么场景中，使用该产品；人们对生产它的企业有什么印象，是追求创新，注重品质，还是关注社会公益。这个品牌如果是一个人，还有哪些个性，是幽默有趣还是专业稳重；这个品牌体现什么功能利益，什么情感利益，什么自我表达利益。

你还需要知道怎么获得顾客对这些品牌的感知。一种方法是通过现场咨询顾客，这是最佳的来源；你也可以观看竞争对手的广告，从而获得他们预期的品牌形象。

（2）善于使用工具模型，对竞争者定位分类

当我们分析竞争对手的品牌定位后，你的视角应从微观转到较为宏观的层面，把竞争对手的品牌定位划分成不同的有限类别，形成品牌格局图。这会帮助你对行业品牌有深入的洞察，形成更独到的见解，使你的品牌找到一个最合适的

定位。下面给你介绍两种定位分类的方法。

① 使用品牌二维定位图法，对竞争品牌进行分类。

第一步：对顾客感知的品牌形象进行整理、分类。在确定每一种品牌在产品形象、价值主张、品牌个性、品牌和顾客关系具体定位的基础之上，进一步划分出品牌之间的共性和个性。对共性特征因子，要划分等级并排序。

第二步：选择对品牌取得成功最为关键的两个特征因子。我们根据顾客购买分析和行业、产品情况选择特征因子，最后识别出重要性最高的两个因子。寄托情感的产品，要选择体现情感利益的因子；暴露在大众视野之下的产品，要选择体现自我表达的因子；纯实用型产品，选择功能和耐用性因子。

第三步：构建二维坐标。把你选择的两个因子，分别用纵轴和横轴表示，并建立二维坐标，图14-2是某餐馆综合菜品的二维坐标，横轴表示消费者注重的口味程度，纵轴表示消费注重的咸淡程度。

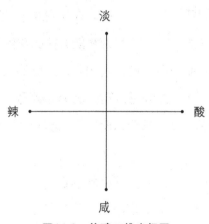

图14-2 构建二维坐标图

第四步：将你的竞争对手的品牌分别标在坐标适当的位置，形成最后的品牌对位图，如图14-3所示。

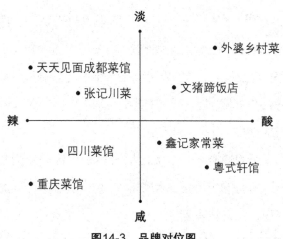

图14-3　品牌对位图

② 多维排比法。随着经济水平的不断提升，消费者对品味的追求也越来越高，影响消费者购买决策的产品特征因子也越来越多，二维分类法因为只有两个因子，局限性越来越大。

于是，我们可以采用多维排比法，既直观又弥补了二维定位法的不足。我们还是以某餐馆综合品牌来进行分析，从服务质量、身份认同、性价比、创新性、装修氛围来对每个因子分析。

第一步：识别出影响消费者购买的所有重要因子。

第二步：对这些因子按照重要性从上到下依次排开。

第三步：对每个品牌的每个因子，依其表现强弱，从左到右排列，左边最强右边最弱，用A、B、C、D、E表示，如图14-4所示。

品牌竞争强度因子对比

A	B	C	D	E	服务质量
A	B	C	D	E	身份认同
A	B	C	D	E	性价比
A	B	C	D	E	创新性
A	B	C	D	E	装修氛围

强　　　　　　　　　　　　　　　　　　　弱

图14-4　品牌因子强弱体现

我们从五个维度的因子来识别，从服务质量、身份认同、性价比、创新性、装修氛围来看，如果我们在经营企业的过程中发现，五个维度的因子都是A，那么品牌的竞争强度就会很强，反之如果都是E，那么竞争强度就会很弱。当然，不是每个企业都能把五个维度的因子都做到A，所以品牌主在选择的时候，可以充分考虑选择其中二到三项去重点关注和思考。

如果该类别有下面的情况，我们就应该避免采用这一定位方法。一是竞争者数量众多，当某个竞争者的市场份额和分销力量非常强，在某类别中存在支配性地位，我们应该避开；二是竞争者非常优秀，如果该类别中有该公司锁定的一个定位，则应避开，最起码要准备好通过转移或改善的方式压制它。

（3）竞争品牌的优势和劣势

与竞争者的优势相对抗是危险的，而攻击敌人城堡防卫薄弱的地方会更容易得手，应该分析竞争品牌的弱点，并从其弱点处着手。

（4）给竞争对手重新定位

当你面对强大的竞争对手，用其他方法找不到空位时，可以给竞争对手重新定位以给自己的品牌一个合适的空档。

14.6 选择原型

商品在人们日常生活中扮演了非常重要的角色。在物资匮乏的年代，需求超过了供给，人们对品牌也没有明显的感知，生产和销售都非常简单明了。而现在，随着生产制造能力的提升，公司与公司间的竞争达到了一定程度，无论是一瓶简单的饮料还是一部精密的手机，它们都面临着巨大的挑战：无论它们的生产能力、技术有多么先进，竞争者都能够加以模仿和复制。

在这种情况下，品牌主会发现他们只有两大对策可供选择：一是减价和促销，在相同品质下用更低的价格来吸引客户；二是为它们的产品注入意义和价值，让其变得独一无二，不可替代。毫无疑问，减价会让利润大幅减少，并不是一个长久之计。因此大多数企业都会给自己的商品设计出独特的品牌意义以博得大众的青睐。久而久之，品牌在人们心中的权重不断加强，站在琳琅满目、功能各异的商品面前，对品牌的选择逐渐取代了对每件商品的逐一比对，更有甚者会视品牌为购买的唯一标准："我要穿某某牌的衣服""我只认某某牌的手机"。

为什么品牌会有如此魔力呢？除去它的口碑为我们省去了逐一比较的麻烦外，很重要的一点就是它所代表的意义对我们的心理起到的安慰剂效应。医学上的实验证明，对某种药物的坚信不疑就可增强该药物的治疗效果，即使这个药没有任何疗效也是如此。品牌也可以起到这种效果，它所代表的意义可以为消费者带来正面的效应。例如：一个女人买了一件某某品牌的衣服可以让她觉得自己高贵典雅，在酒会上倍感自信；一个男人买了一块某某品牌的手表可以让他感觉自己已经跻身于成功人士的行列。而且一旦某一类商品被赋予意义，这些商品便在我们的生命中具备了超脱其功能本身的象征力量。

20世纪60年代的甲壳虫汽车就是最好的典范，当时美国的年轻人兴起了一股反主流文化的热潮，而那个年代的汽车就是这种主流文化的代表——过度享受、过度浪费能源以及重视地位。就在这个时间段，大众的甲壳虫汽车出现了。以当时美国人的审美标准来看，这辆车小得令人无法置信，它的车身线条圆滑可爱，没有任何多余的浮华装饰，价格便宜，非常省油。之后，无论这款车型如何升级，总还是保持在这种设计框架之内。逐渐地，甲壳虫汽车成为了活力可爱、轻松舒适生活的代表，和当时老派的主流文化形成了一种鲜明的对比。对于选择这款车的年轻人来说，选择它就是选择了一种新的生活态度，甲壳虫汽车顺理成章地开始大卖。

对于一款产品背后为何有如此大的魔力，心理学上的解释是，我们的潜意识里总是有期望一些重大时刻出现或是重新经历生命中某个时刻的意义原型。这些原型的意向和场景，召唤着人们通过各种方式来得到满足。而一款商品恰恰可以提供这种中介功能，让某个需求与该需求的满足之间产生连接。这辆车所代表的意义原型给年轻人带来了非常大的慰藉：天真的"甲壳虫"胜过了体型庞大的"吃油怪物"，小男孩打败了大巨人。

一款简单商品背后的意义原型为顾客内心深处的情感和渴望带来的满足，这才是品牌吸引人的秘诀。因此品牌意义可以称作是一个品牌最珍贵也是最无可取代的资产。意义诉诸的是大众的情感面或直觉面，它创造出一种亲和力，建立起商品和消费者之间的通道。因此我们可以看到很多公司甘愿花费数亿美元去购买一家公司，只是为了取得它的超级品牌——它背后那种普遍且巨大的象征意义。

因此，一家期望能够在市场上获得成功的企业，不仅要注重产品本身的功能设计，还需要注重其意义管理。一家公司若能通过高品质产品来实现对意义的承诺，就是在帮顾客两个忙：第一，提供有用的产品或服务；第二，帮人们在日常生活中体验到意义的存在。

然而，业内似乎又没有成熟的理论和范式来构建这种意义感。品牌故事可以有千千万万个，但哪一个才是属于自己的故事呢？如何通过一个故事让顾客体验到意义感，最终为产品买单呢？正如上文中的甲壳虫汽车所代表的"小男孩打败了大巨人"的故事，我们从小听了、看了无数个这样的故事，但还是会津津乐道，甚至置身其中，想象自己就是那个打败了大巨人的小男孩。

人们的各种期望和幻想其实相当容易预测，因为它们总是依循着众所周知的叙事架构来发展。心理学家荣格指出：全人类都拥有一份超越了时间、空间和文化等表面差异的共同心灵主题，这些主题总是变换着不同的情节和场景，一而再再而三地在世界各地的老老少少身边上演。

在前文我们提到过品牌的原型，也就是将品牌分为十二个不同的原型。例如：苹果公司的品牌原型就是冒险者，它的品牌商标"被咬了一口的苹果"，无论是产品本身还是其背后的意义，都代表了它是一个不墨守成规的冒险者，并依此吸引了一批坚实的信众；而我们再去仔细看天伯伦公司就会发现，它的产品和广告，总是带给人一种户外、探险、突破边界的引领感，实际上是契合了一个时刻在路上、时刻在突破边界的探险者的期望原型。

只要我们借由分析这些原型/意象与品牌之间的关系，便能够建立起一套运用原型理论与意义管理系统来打造知名品牌的方法。有意义感的品牌能够让营销变得更简单、更有效率，也更为主动。对于期望打造一款成功商品的企业来说，其产品设计要具有更高的视角，如果在产品之上安插一个能够让顾客本能地认出某个基本真理的故事或概念，产品就更容易从一众商品中脱颖而出。

14.7 找准关键时刻

对于关键时刻的核心理念，我的理解是，找到品牌企业在服务过程中的关键时刻，并提供令消费者满意到超出预期（或竞品）的服务。我们引申到产品优化中的实践，拆分为四步：明确目标、定位MOT、解决方案和复盘完善。

（1）明确目标

不谈目标的产品优化都是不能够实现价值的。这里所说的目标不能是满意度一类的，一定要是个可衡量的具体数据指标，且可以用来评定这个功能。因为这个数据目标的变化，会指导我们最终的效果评定和复盘。这个环节中，数据目标的确定，本身要看优化的出发点是什么。当我们明确想要优化某个具体功能时，我们要针对功能找到核心数据目标。而当我们的出发点是要优化某个具体的数据（首先要确定这个数据本身是真正的目标），目标就已经存在了。以下单流程的优化为例，目标是最终的完成率；以门店销售优化为例，用户经过进店、转化、复购、推荐四个环节，目标该定为整体的营业额。

（2）定位MOT

当明确本次优化的目标后，我们就要去找到具体的MOT环节。首先我们要完成对目标的数据拆分，这里的数据拆分要能形成完整的闭环，任何一个环节的优化都可以直接影响目标。通过现有数据，判断最薄弱项的数据并将其作为首要优化目标，这样是最高效的。

以猪八戒网为例，用户全生命周期价值的优化可以拆分为2A3R的漏斗模型；

如果是线下门店的话，进店、转化、复购、推荐是销售过程中的完整闭环，如图14-5所示。

图14-5　销售过程中的完整闭环

（3）解决方案

确定了产品优化的MOT，就要制定针对性的解决方案。这只是门店商业运作的普遍做法，但实践中，每个环节都值得针对不同场景再次拆分，还要结合用户类型等。要尝试拆分到最终的MOT，假设优化用户生命周期付费的MOT是转化率，而转化率的MOT可能是成交按钮点击率，成交按钮点击率的MOT可能只是成交页加载速度。

（4）复盘完善

针对MOT找到解决方案，并实施后，观察MOT环节的数据和整体目标的数据变化。要尝试总结发现整个优化过程中的有效、无效方案和可能遗漏的点。完善后再次上线验证数据效果。

14.8　构建内容体系

说到内容营销，有的人只知道名字而不知道到底是什么。其实"内容营销"

的第一步应该包含内容和营销两部分，"内容"是我们的企业、品牌、产品本身，而"营销"就是有目的、有策略地包装分发。所以"内容营销"其实就是有目的、有策略、有节奏地对企业、品牌、产品进行包装分发，进而让静态的企业、品牌、产品形成动态的有效传播和消费者认知。而内容营销的目的就是实现让受众从知道到了解、认可的过程。

但是长久以来，很多企业在内容营销上面存在很多误区。内容营销的方法不是创造内容，而是挖掘延伸内容。而对于受众来说，由于年龄阅历、个人兴趣、社交场景、工作环境等多方面因素，其获取的相关信息也是片面的。所以，在信息不对称的情况下，就需要系统性统筹规划，进而消除双方的壁垒。

那么对于一般的企业到底如何搭建内容营销体系，如何有效地实现内容的有效传播？其实通过四个步骤就可以有效地实现系统的搭建。

（1）善于挖掘梳理"内容"

一般来说，企业的品牌部门应该最了解企业信息，那么到底了解多少呢？实际上，传播的内容应该包括三部分，即企业、品牌、产品，而这三个部分在内容的输出上应该对应的是社会责任、品类个性及资产、流量增长。

首先我们说"企业内容"，企业内容主要包括以下三部分。

① 企业基本信息：企业定位、企业战略、企业愿景、企业价值观、企业产品及服务、企业经营情况。

② 企业文化信息：企业经营理念、企业文化、团队建设等。

③ 企业形象信息：企业对外的展示形象、企业对内的展示形象等。

其次是"品牌内容"，主要包括以下内容。

① 品牌的价值观。

② 品牌的愿景。

③ 品牌战略。

④ 品牌符号。

⑤ 品牌承诺。

⑥ 品牌原型。

⑦ 品牌个性。

⑧ 品牌资产。

最后是"产品内容"，这里的产品主要指的是主力品牌产品，主要包括以下内容。

① 产品的基础价值——卖点：模式、功能、技术、服务项。

② 产品的使用价值——买点：客户利益、体验感、便捷度。

③ 产品的情感价值——关联度：产品与消费者的情感连接点、产品代表哪一类社会群体，产品的体验和应用的场景等。

（2）分析行业、竞争对手等信息

当然，在对自身内容进行深度挖掘之后，还需要分析自己所处的行业、行业地位以及竞争对手等，从而更加有效地进行内容的提炼与挖掘，这里就不展开说明。

简单来讲主要包括四个部分。

① 行业信息：现阶段行业的发展水平、行业热议的话题、行业的主流内容、行业"大V"的焦点内容等。

② 竞争对手信息：竞争对手的年报，竞争对手在做的内容、主推的产品及系列，他们的市场环境等。

③ 市场信息：企业以及主推产品的市场容量、市场的关键信息、市场未来的发展空间等。

④ 用户信息：用户来源、用户的兴趣点、用户的话题点等。

所以，其实内容的挖掘也是内容数据库的建立，建立企业数字常态化的内容库，所有对外的创意、设计、落地需要从数据库出发，不断强化用户统一性识别。

（3）找寻生产内容"创作者"

内容的梳理和挖掘是一个持续性的过程，但是所有梳理挖掘出来的内容都只是未经加工的原始素材，对于内容营销来讲是没有任何价值的，所以需要对已挖掘的素材进行二次加工，即需要寻找生产内容创作者。对于内容的生产加工，很多企业都是寄希望于新媒体编辑、市场文案人员。实际上，内容的创作是一个持续输出的过程，更是集体的智慧与力量。所以，内容的生产是由不同视角的四类人共同完成的。

第一类人：工作者。说得简单一点是企业品牌营销部门的文案人员、编辑和员工，他们对公司、品牌、产品有着清晰的认识和了解，站在内部视角输出和传达自己想传达的信息。其实从严格意义上来说，第三方广告公司也算工作者，因为多数情况下他们的视角也会以甲方的视角为主。所以这一类人的主要的创作内容就是企业、品牌或者产品向受众传播的内容。

第二类人：创作者。他们是企业、品牌或者产品所在行业的记者或者内容领袖，他们对所处的市场、行业有着深度的认知和理解，所以他们的内容创作主要集中在对行业的解读、模式的分析等各方面。而这一类人相对中立，内容的创作则主要集中在企业、产品或者品牌在行业的价值、影响力、专业度等方面。

第三类人：体验者。更多还是从产品层面来说，首先就是消费者，他们知道自己想要什么、不想要什么，对满足或者超越预期需求的进行正面评价和拥护，对没有满足的进行适度的攻击和放弃，他们的内容创作会集中在产品的使用体验评价、互动等方面。而对于企业而言，体验者大部分是员工、员工家属，他们是企业内容的最直接感知者，所以他们创作的内容是关于企业的幸福感与归属感，相对创作者而言更加感性和直接。

第四类人：旁观者。他们可能是对于产品或者企业、品牌有一定的接触和认识，但是并没有形成消费体验，而是处于观望的状态的人，所以通常这类人游走于各个问题与答案之间，他们创作的内容是从产品功能体验、包装到企业实力等各类问题。

综合来讲：

工作者输出主观性的功能、价值、故事等；

创作者输出行业的影响力、地位、模式等；

体验者输出感受、感悟、使用技巧等；

旁观者输出问题、疑虑等，再由以上三类进行回复。

（4）构建内容"分发机制"

基于内容生产者的创作差异和受众获取信息和内容不同，需要匹配对应的传播渠道，这在品牌上又叫作接触点的应用。

① 对于工作者而言，分发主要集中在官方媒体、自媒体、付费媒体三个板块。

官方媒体：官方网站、官方宣传手册、官方宣传片、官方空间以及企业工作人员。

自媒体：微信公众号、微博、今日头条、抖音、网易号、搜狐号、百度百家、企鹅号、UC大鱼号等。

付费媒体：付费媒体就不展开来说了，理论上，能够看到的所有接触点都可以成为付费媒体，只不过是看价格的高低以及持有者会不会将它作为媒体销售而已。

② 对于创作者，则主要为行业媒体、门户媒体、功能媒体。

行业媒体：比如房地产行业、汽车行业、大数据、AI、创业、B端、C端等各类媒体，分类方法多样。

门户媒体：如搜狐、网易、腾讯、凤凰以及各类官方的纸媒、视频网站等。

功能媒体：服务不同用户岗位类的媒体平台，如营销、产品、运营等媒体。

③ 对于体验者，则主要为自建互动社区、第三方社区等分发渠道。

自建互动社区：小米、华为等消费类产品论坛。

第三方社区：比如豆瓣、知乎、贴吧、小红书等，当然也会涉及行业的属性，所以根据不同的行业应该是有不同的区分的。

④ 对于旁观者，主要的阵地其实也在社区。不过，还有一个主阵地：搜索引擎。旁观者通过关键词搜索，借助官方媒体和行业媒体了解企业、产品及品牌，所以也就有了SEO和SEM（搜索引擎营销）。

所以，不同的用户和内容生产者性质决定了不同的渠道，而不同渠道的调性和特点也决定了内容生产者的构成生态。

14.9　塑造品牌DNA

《奢侈品管理》，是我非常推荐的品牌方面的好书，它从另外一个层面解读了品牌的打法和创造。

在传统的市场营销中，决定品牌的是产品的定位：品牌的目标就是给特定群体（目标客户群）带来比某些竞争对手（商业活动的来源，想要与之比肩的对手）所能提供的更大的预期效益（或客户收益）。这种定位构成了品牌管理的核心：长期以来，企业就是从这个角度在市场上竞争，以获得更大的市场份额的。对于大众品牌而言也是如此。

在奢侈品行业，我们讨论的不应该是定位。奢侈品品牌具有强大的特性基因，可以通过创造梦想来吸引和保持客户群。奢侈品品牌构建了自己的世界，消费者希望沉浸在这样的世界里：为了进入这个世界，成为其中的一分子，他们甘愿花钱。奢侈品品牌培养了自身的独特性质，它更愿意守住这份特性，而不是考虑如何去战胜竞争对手（即其比较优势）。即使用户会进行比较，品牌的经营也不是通过与其他品牌对比实现的——这与艺术家有异曲同工之处。

难道保罗·高更曾痴迷于与同时代的艺术家进行对比吗？当时的所有艺术家都是以各自的方式创作，具有个人的风格。特性在当代尤为重要，因为有几百万四处奔走的人靠着拥有某个品牌的商品或服务定义自己的社会属性，这些商品和服务使他们的自我得到了延伸。

品牌只能通过凝聚力来构建。为了实现这一目标，你必须认清自己的特点并坚持下去。当品牌创始人主导经营的时候，其扮演的是参照物的角色，并用种种与众不同的创造标志了自己的风格和品位。创始人退出经营以后，品牌有必要找到自身的特性，从而将其长时间地延续下去。《奢侈品管理》的作者就曾在这样的关键时刻参与对品牌的管理：问题在于找准特性，让其成为内在的指针，而不是亦步亦趋，失去灵活性。

特性代表了品牌有形和无形的种种特殊之处。这些特殊之处构成了该品牌，如果失去这些，品牌就会变味。特性并不是把经营者牢牢绑死；它来源于品牌的起源、历史和所有在特定价值和收益范围内，给品牌带来独特的权威和发言权的性质。特性是品牌的"DNA"，是品牌的"基因"。它整合了品牌的专业技术和符号式的特点：这是一些有形的、清楚的元素，定义了品牌，体现在商品中、商店里、舞台上、广告和交流中。品牌也是无形的：如果讨论的并不是具体的商品，那么你在讨论什么呢？奢侈品品牌首先是一个史诗般的传说，由很多故事组成：讲故事是品牌的表达方式。

因此，奢侈品品牌的特性可以帮助客户构建自己的身份。正是出于这个原因，必须将品牌作为一个整体加以分析：它就像文化上的三棱镜，可以用来读懂世界，用来创造。这种"特性三镜"（Kapferer，2012）将品牌的象征维度解读为六个彼此相连的方面，如图14-6所示。

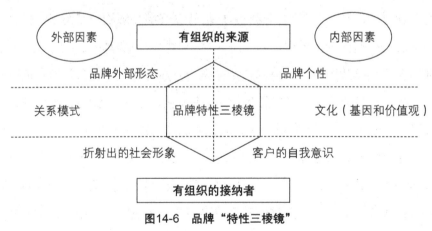

图14-6　品牌"特性三棱镜"

品牌"特性三棱镜"模型是奢侈品的品牌策划工具。"特性三棱镜"的焦点定义了品牌的源头，或者至少代表了品牌，品牌的实际属性和身份属性分别是什么呢？

第一，品牌的实际属性使得品牌内部可以具有相似性：反映这种相似性的特质、标志、手势、姿态、颜色或是特征都有哪些呢？有了它们，即使在时尚秀场上看不到"双C"标志，我们也应该能认出香奈儿系列。我们看到的是绒衫的柔软和丝绸般的外表、经典的设计以及创新性衣料的高品质。产品的象征性、社会性和文化性功能越明显，非语言的意象就越重要。所以奢侈品品牌需要很多实实在在的标志，从而以多种方式表达自己，如香奈儿的山茶花、针脚和领口。品牌特性在实物上的反映也构成了那些具有符号地位的产品或特征，它们可以强调品牌的存在：对圣罗兰而言，这种特征就是黑色，是晚礼服，是将男性时装元素在女装上的运用，是完美的剪裁。

第二，如果品牌不是彻彻底底的个性的体现，那至少也具有一些个性元素。在奢侈品行业，品牌就像是一个活生生的人，一个创造者，具有强烈的个性和性格特点。品牌将这些特性一一继承或是加以发展。这些性格使得品牌栩栩如生，这在奢侈品行业体现得尤为明显，因为这一行业就是来源于创始人的创造力。

如何对品牌的个性加以描述？就像在描述一个真人的性格一样。因此，圣罗兰的品牌个性酷似其创始人——突如其来、咄咄逼人、充满魅力而又不可捉摸。

"特性三棱镜"的另外两面与品牌构建的受众有关。"构建"这个词很重要。事实上，品牌对于目标客户的定位并不是单纯的描述，而是刻画了一种理想的客户形态，这种形态与目标客户的实际情况可能相符也可能不符。这并不意味着品牌对客户的描述清晰地指向了某种人。对于目标客户，应该从品牌表达其自身的角度加以理解。

第三，任何奢侈品品牌都是通过创造自我的映像来创造价值的。所以目标客户从未出现在某一品牌的广告中，人们也可以对这一品牌的目标客户有所认识（这就是"映像"，即品牌的"外在镜像"）。保时捷就是这样的例子：广告中从来没有出现过驾驶者的身影（这与大众汽车品牌——奥迪很不同）。保时捷希望将驾驶者的形象留给人们去想象，在客户与品牌间建立直接的亲密关系，而不是插进一个第三方破坏这种关系，不管这个第三方有多么声名卓著。

第四，品牌的个性是深入内心的——这是"特性三棱镜"的一面，"消费者的自我意识"这里探讨的是内部镜像，可能与外部镜像（映像）不同。客户是怎样通过品牌构建自身形象的呢？例如，客户会自觉地认为，持有"百人队长黑金卡"的人没有什么愿望会得不到满足，可以得到一切想要的东西。

每个奢侈品品牌都为客户提供了一种自我意识：这并不是不同奢侈品品牌之间的关系（映像），而是"客户个人与奢侈品品牌的亲密关系"。因此，圣罗兰的客户会这样想："我不需要什么名牌来定义自己或是从中汲取力量：我自己就已经足够性感，足够吸引人了。"拉尔夫·劳伦的客户则可能认为："我是美国卓尔不群的一个阶层，富有权势和品位。"

第五，通过"文化"这一面，奢侈品品牌创造了一种崇拜，吸引了拥护者。品牌最深刻的价值植根于此，这种价值为品牌所深信不疑。对我们而言，这是奢侈品品牌身份的基本面。我们有太多的时候将品牌价值定位于表层，选择的是一些通用的词，如浪漫、经典、优雅、意式，对香奈儿而言还有"高级资产阶层"。

然而，为了在长期中更好地管理品牌，有必要挖掘得深入一点。品牌的精髓在哪里？是什么培育了其不断创新的精神？拉尔夫·劳伦选择polo衫作为自己的标志性产品。除了在马术比赛这一如今仅存的贵族运动中穿着以外，polo衫还有什么别的象征意义呢？"意式风格"又是什么意思？除了过于简化的刻板印象以外，普拉达的"意式"与菲拉格慕和古驰的"意式"又有什么区别？

为了探索文化层面的内涵，我们必须要仔细审视各个品牌的身份标志。例如，莲娜丽姿标志上的三个女人分别是谁，有什么含义？探索这些问题不能靠询问孟买、布宜诺斯艾利斯或是巴黎的顾客。品牌身份是长期中创造力的源泉。因此，我们要问的是，品牌创始人丽姿女士从这三位女性身上看到了什么，而这涉及希腊时期农耕文化之下的异教传说。这三位女性是仙女。作为全世界唯一一个以三位女性为标志的品牌，这代表了什么价值体系？莲娜丽姿的精髓是不是女性特质？

第六，品牌的"关系"面定义了品牌与客户之间的关系。因此，香奈儿解放了女性，而圣罗兰给女性赋予了权力：它使得女性的生活被照亮，也得到了承认。

这六个面的连接处定义了品牌的特性和独特之处，构建了品牌与客户之间的情感联系，使得一些客户成为品牌的死忠追随者，宣传这一品牌并贡献热情。如果想在某个国家创造这样的客户群，那么必须让他们理解到品牌深层次的含义和创意性的解读（而不是单纯地炫耀品牌的标志）。通过植根于历史或传说的丰富内涵和身份，品牌将记忆和文化注入产品中，与客户之间构建了亲密的联系。

奢侈品的"特性三棱镜"绝不能平庸。它应该捕捉到品牌最细微的独特之处和品位。但是，"特性三棱镜"也是管理工具：它应该有效，成为增强凝聚力的杠杆，没有"特性三棱镜"就没有品牌（奢侈品品牌和大众品牌都是如此）。最后，"特性三棱镜"也是品牌创造性的跳板。

 14.10　建立企业媒体矩阵

（1）什么是媒体矩阵，要不要做媒体矩阵

我们知道打造新媒体矩阵可以通过多个新媒体渠道来触达用户群。那么什么是媒体矩阵呢？简单理解就是在不同的媒体平台上，根据运营目标与需求，建立起一个全面系统的媒体布局。简单来说，就是多平台同步运营。

媒体矩阵根据不同的排列方式又分为外部矩阵和内部矩阵，如图14-7所示。

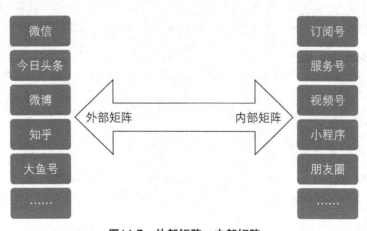

图14-7　外部矩阵vs内部矩阵

外部矩阵即在不同的媒体平台上的布局。比如某一个企业在微博、微信、今日头条、百家号等不同媒体上都有布局。

内部矩阵是指在某一个媒体平台上的生态布局。比如某一个企业在微信平台开通了订阅号、服务号、小程序等。

外部矩阵和内部矩阵可以单独存在，也可以同时存在，具体的布局方式需要根据企业自身情况而定。比如大家熟悉的果壳网，在新媒体矩阵方面可谓全方位布局，仅微信平台运营的账号就有十几个，此外在微博平台、视频平台、音频平台等均有布局。

那么，如何判断我们该不该做媒体矩阵，该什么时候做。

首先，我们要弄清楚媒体矩阵的作用有哪些。

① 媒体矩阵的一个最明显的作用就是可以拓宽触达用户的方式，通过多个渠道，去涵盖更多用户群体。

② 相对于单个媒体账号的发声，多个账号同时发声，可以扩大效果，形成一定的影响力。

③ 不同的账号差异化运营，也可以在各自细分领域深耕细作，深化影响。

常言道鸡蛋不要放在同一个篮子里面。做媒体矩阵，在一定形式上也会分散掉部分风险。简单理解就是，在媒体平台的整合营销效果会强于在单个平台上分散性的单打独斗。

如何判断开启媒体矩阵的时机？熟悉新媒体运营的小伙伴都清楚，新媒体运营一般要经历四个阶段：启动期、增长期、成熟期、衰退期，如图14-8所示。

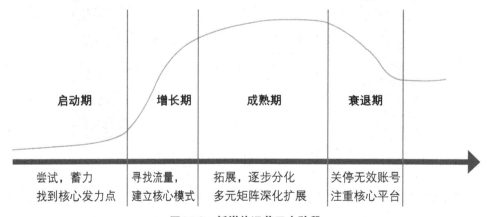

图14-8　新媒体运营四个阶段

根据运营主体的目标不同，在每个阶段的目标也不尽相同。根据我们每个阶段的运营目标来确定搭建媒体矩阵的时机，或判断是否应该搭建媒体矩阵。

① 启动期是在某个或某些平台做尝试，逐步蓄力，以找到核心发力点为目标。此时更多的是试错和探索。

② 增长期则开始固定在某些表现较好的平台运营，逐步开始向稳定过渡，以寻找流量，找到核心运营模式为主要目标。

③ 成熟期也开始进入盈利期。根据具体需求进行进一步的探索，可以开始逐步分化，运用多元化矩阵来深化扩展。

④ 衰退期，则用户关注度下降，可以根据实际情况，关停无效的账号，把精力集中在核心平台上。根据目标来动态调整，可以以寻找新的增长点为目标，或以进一步深化现有矩阵，加强纵向深度，扩大影响力为主要目标。

从运营周期来看，通常情况下，除非预算和运营团队较为成熟，启动期一般不建议一上来就做媒体矩阵。一方面市场验证时间较短，前期积累还不够充分。另一方面，容易分散精力，还不如集中优势资源先把主要平台做好做精。当媒体进入增长期后，就可以开始着手考虑是否搭建媒体矩阵。比如用户群体已经超过10万人，核心用户群超过2万人，且用户群体中已经有较为明显的差异性显现，那么这个时候搭建媒体矩阵，以满足不同群体需求就十分合适。

当然，具体情况还需要结合自身运营主体的流量需求与当前的资源情况来看。但总体来说，在增长期或成熟期，当你的媒体当前用户群体体量已经有了一定的规模，并有稳定的核心用户群，且用户差异性较为明显的时候，非常适合顺势开启媒体矩阵的运营。力求在所有矩阵布局平台运营良好是一种理想状态，但基本不太可能全线长红。媒体增长到一定体量之后，会出现某些平台平稳发展，某些平台进入衰退期的情况。那么就可以根据当前的现有资源和市场行情情况，适当关停一些无效或收效甚微的账号，把精力集中到核心平台上来。争取在细分领域做精，或根据公司战略发展去开辟新的领域。

（2）媒体矩阵怎么做

首先找到合适的媒体平台。可以结合自身的产品目标或企业需求，来列举合适的媒体平台，再从中筛选。如果无从下手，可以先分析自己的产品受众群体都分布在哪些平台，然后从这些平台入手。也可以去分析竞品的媒体矩阵情况，作为参考去筛选合适的平台。初步筛选出平台后，结合媒体平台的特点，及自身的资源优势和人力情况，再进一步做筛选，以确定最后可实现的运营媒体平台名单。

确定运营平台并启动后，就可以根据情况和市场机会开始布局媒体矩阵。具体情况可以参考前面所述。那么一般媒体矩阵的布局展开可以有两种形式。

一是先做内部矩阵，再做外部矩阵。

这样做的好处是，因为对所在平台的各种情况已经比较了解，熟悉运营环境，做起来会更加得心应手，也避免出错。也可以直接借鉴当前所在平台的运营经验，便于尽快展开。在做得比较好的平台上继续扩展，能优先扩大核心竞争力，加强核心用户的体验，对自身发展来说也是尤为重要的。也有只做内部矩阵的布局方式，当然具体情况还是要根据自身运营需求来看。

二是直接开启外部矩阵。

在选择外部矩阵时，要充分分析平台特点，充分分析已经积累的用户群体特点。找到和自己产品目标或企业目标有契合点的平台，再根据目标需求去制定运营策略。运营外部矩阵时，应多注重跨平台的合作联动情况，争取将不同平台的资源优势都发挥出来。

（3）怎么可以做得更好

分析确定要去布局的媒体平台，找到适合不同平台的运营策略。如何去熟悉一个媒体平台呢？首先要理解平台的运行逻辑是怎样的，核心内容是什么，用户群体的特点是什么，有没有账号权重，流量的来源是什么，就是必须要熟悉平台特点。

有的运营人员会说，道理都懂，也知道要做哪些媒体平台，但仍然毫无思路怎么办？这种情况下，可以把平台的头部明星账号先找出来，认真分析对比一下，基本也能对平台了解个大概。当然参考目标不要过于单一，最好是多对比几个品类。然后找到我们竞品的平台账号，做进一步的深入分析。最后将前两步的研究结果，跟自身的当前资源情况做对比分析，就大概知道要着重做什么了。

矩阵平台的搭配使用主要还是在不同平台区分化运营的做法和相同内容多平台分发的做法间做出选择。我个人更倾向于根据平台特点去做区分化运营，其实这跟相同内容多平台分发并不冲突。每个媒体平台的特点都不相同，视频和图文当然不能按照一个套路去运营，社交类也不能跟社区类混淆一体。只是，当碰到重大宣传节点的时候，我们也可以做到同时发力，这并不冲突。关键还是根据平台的运行逻辑和特点，去对应建立自己的运营策略。至于内容协调和宣传节点可以随机应变。媒体是为宣传发行和品牌服务的，不要被局限住了。

（4）注重整合营销和联动的运营能力

既然建立了媒体矩阵，那么就要将矩阵的优势给发挥出来。要将不同平台的优势资源在该集合的时候，整合调动起来，而不是只顾在独自的平台上深耕。这个需要运营管理者有意识地去发挥和调动，做到既能在各自平台上个性开花，又能在需要的时候花团锦簇，将矩阵的整合优势和营销效应扩展至最大化。

（5）注意资源倾斜和运营精力分配

力求做到每个账号都很棒是不可能的，我们以果壳网为例，之前虽然媒体矩阵够广够深，但后续很多账号也相继停止运营了。一般能在2～3个平台上面做大做深已经很了不起了。该舍弃的时候要果断舍弃。因此，先找到重点运营的平台，然后将我们70%～80%的精力集中在这2～3个平台上，去努力发挥我们的核心优势就可以了。不要想着面面俱到，反而会顾此失彼。市场往往有很多的不确定性，媒体运营有时候也有碰运气的成分，但并不妨碍我们在抓住机遇前先做好基本的准备和筹划，这样才能在机会来临时，稳稳起飞。当你下定决心要去做一件事情的时候，一定要先深入去了解这个东西，找到它的运行规律和逻辑，清楚了之后再结合自身的需求去做，而不是只看表面想当然或仅凭感觉去做。

为什么会有这样的感觉呢？近几年有很多人根本没有深入了解过自己在做的东西。比如这两年很多手游公司在布局二次元游戏，但市场部的人员是否有真正了解过二次元游戏？或者有深入二次元玩家群体中？如果你自己都不了解，又如何期待自己做出来的营销内容可以被二次元玩家接受呢？仅凭感觉做出来的内容是虚的，无法令人信服，也经不起推敲。

 14.11 维护品牌资产

品牌资产看不见、摸不着，但它扎根在每一个人的心中，一旦爆发，所带来的销量增长将是指数级的。网络时代快速发展，市场竞争也愈加激烈，导致很多新生品牌难以突破重围，面临生存困境；而另一方面，很多大企业也发现，无论在推广营销方面持续投入多少钱，依旧没办法摆脱人们心目中"暮气沉沉"的标签，很难融入年轻人的主流市场。

经常有同行说："我们一直在努力进行品牌建设和市场推广，但不知不觉地，我们的品牌就被边缘化、不被注意，人们似乎不再像以前那样接受，也没那么喜爱了，这似乎无法逆转。"可以看出，在过去十几年中，品牌资产被严重低估，如今随着市场消费者注意力加速转移到线上，品牌资产的价值不断凸显。

面对品牌营销、产品变现，企业的困惑主要分为两类。

一类是新品牌。很多新品牌为了先活下去，加大力度做营销。节省品牌预算去进行电商直通车、直播带货或者直接降价促销。但由于没有品牌资产加持，销量总不尽如人意。在如今高竞争的市场环境下，"如何快速'杀'出一条血路，短期建立辨识度极强的品牌"是小品牌们务必思考的关键问题。

另一类是老品牌。传统营销的套路，在互联网新商业下已经不起作用，消费者对品牌的认知与忠诚度逐渐衰减，这就意味着大品牌必须有一套行之有效的独有的营销套路。依据现有品牌体系，如何摆脱"老龄化"，融入年轻消费者的主流市场，是大品牌们务必思考的关键问题。

对企业而言，如何打造属于自己的品牌资产，如何在营销投入后让品牌获得真正有价值的沉淀，再次崛起，应是当下企业在品牌营销中永恒关注的话题。

14.11.1 品牌资产：企业最具价值的无形资产

近些年崛起的新品牌还真不少。比如：花西子以"东方美学"在短短两年内，从品牌"0"认知，打造成国内知名美妆品牌；三只松鼠凭借几只软萌可爱的卡通形象，占据国内零食电商市场的龙头地位。

而老品牌的转型案例也比比皆是：脑白金的"今年过年不收礼，收礼只收脑白金"，焕新根植在消费者心中"老年保健品"的标签；旺旺集团，围绕旺仔原有的形象进行多元化延展，唤起80后、90后心中的童年记忆。

企业如果成功建立起自身的品牌资产，便可以快速从同类品牌中脱颖而出，获得消费者的更多青睐。

14.11.2 品牌资产到底是什么

品牌资产是20世纪80年代营销领域提出的一个重要概念，是指与品牌相关的，能够增加或削弱产品价值或服务价值的资产。其中主要包括品牌"新三度"：品牌识别度、品牌口碑度、品牌搜索度。

（1）品牌识别度

打造独特的超级符号。品牌识别度是指消费者对一个品牌的记忆程度，主要表现在消费者对品牌名称和符号的认知度上，这也是品牌Logo的主要意义。除了Logo之外，很多品牌还设立自己的IP形象。比如2020年初，迪士尼IP"米奇"和"米妮"成为最受品牌青睐的形象。

从优衣库到Gucci（古驰）、从美宝莲到Kate Spade（凯特·丝蓓），各大品牌纷纷与其合作，让消费者在不同领域，甚至各个圈层的广告中都可以发现这两只小老鼠的踪迹。而拥有"米老鼠"IP形象独家版权的迪士尼，在2020开年便成功实现品牌价值全方位的飞跃提升。作为迪士尼的超级符号"米老鼠"，是构建成品牌资产的重要组成内容。迪士尼通过对这些标志性内容持续投资，加深其在消费者心中的印象，建立起与消费者的精神纽带，从而达成提升品牌资产价值、触发盈利的最终目的。

（2）品牌口碑度

通过差异化产品，打造精准的关键时刻，从而获得社交货币。品牌口碑度，是指消费者对某一品牌的整体印象，包括对产品"功能、特点、可信赖度、耐用度、服务度、效用评价、商品品质、外观"等印象进行口碑传播的态势。

在新商业消费市场中，想真正得到消费者认同，就必须加深消费者对品牌认知，影响他们消费决策。用户决策会受多方面需求满足程度的共同影响。产品的差异化优势则是在决策过程中，满足用户不同维度的需求，创造产品优中更优或"以弱胜强"的局面，引导用户购买自己的产品。

花西子作为近几年内突然崛起的网红品牌，从品牌建立之初就非常重视用户的参与，让品牌在这个"口碑为王"的社交媒体时代建立高信任度的用户关系。产品一上市，品牌就根据完整的形象与故事，瞄准了中国风在美妆市场上的空缺，找到了差异化风格，打造出属于自己的色调与产品风格，在用户心目中形成强烈辨识度，最终发展到用户看到"国风""国潮妆容"就立即想到花西子。确立了差异化的风格之后，花西子在产品设计、包装、宣传等方面都一再强调品牌风格的统一性，不断强化品牌风格在消费者心目中的认知。有美妆博主在测评购入的花西子新品妆前乳时就用"颜值上很'花西子'"来形容产品，可见企业打造产品差异化和风格统一性，对品牌形象的影响可见一斑。

（3）品牌搜索度

通过优质的用户体验，让消费者迷恋品牌。品牌资产的核心，很多人说是用户的忠诚度，忠诚的顾客可以降低品牌营销成本。其实只有企业对消费者忠诚，没有忠诚的消费者，所以品牌资产的核心是搜索度，我需要你，我就马上拿起手机搜索你，良好的服务体验会让客户与品牌之间形成一种心理纽带，并使顾客对品牌产生依恋，从而促使他们重复购买。当一个品牌得到认可和信任，以至于客户与之产生深厚的心理纽带时，企业对品牌资产的投资就能看到确确实实的价值。

苹果线下体验店就是典型的案例，许多拥有iPad的人还拥有iPhone、iPod touch和Apple Watch，每当新品推出之际，它总能激起消费者的无限热情。除了产品本身带来的体验之外，品牌传递出的情感价值观也属于用户体验的范畴。一个能让消费者保持积极情感的品牌将成为赢家。当客户对品牌产生感情时，他们更有可能成为忠实"粉丝"，来帮助品牌传递信誉、能力、质量等优势信息。

品牌资产看不见、摸不着，但它扎根在每一个人的心中，是企业为产品背书的重要渠道。品牌资产所带来的销量增长也将是指数级的。打造品牌资产不是一朝一夕的事情，在前期就需要进行一系列的调研分析，包括消费者画像、竞品调研和品牌定位等，在后期，我们就要不断地维护，不断地重复，通过时间、空间来换取品牌资产的投资和变现。

14.12 不断地重复传播

新产品要推出市场，你精心策划了一场营销事件，广告传播力度不错，也赢得了大批顾客的认可。但几天之后，顾客就把这次事件淡忘了，新产品的销售业绩也没什么起色。为什么会这样？

接受新事物、新品牌、新产品时，用户心中有一个接触次数的"阈值"（一个效应能产生的最低或最高值）。就算再有创意，如果接触次数不够，用户很难在心中留下印象。这个问题的本质是，你影响用户的次数没有突破阈值。影响用户这件事，那到底影响多少次，才能突破阈值呢？这个问题困扰着一批又一批的营销人，最后人们找到一个规律法则：七次法则。

七次法则是指一个客户连续七次看到你的品牌或信息之后，才能真正了解你的企业，对你产生足够信任，然后才可能与你展开商务活动。营销界通行一个"七次法则"，即潜在顾客平均只有在接收广告宣传信息七次以上，才可能考虑发生购买行为。别把整个营销预算放在某个媒体的一次性攻势上，那样风险太大。你还不如选择一类收费低一些的媒体，一周接一周，多做几次。

在客户心中留下位置的关键：

① 要想在用户心智中留下位置是一件非常难的事，其关键点在于你影响了用户多少次；

② 你策划的广告对用户产生了一次影响，对于提升销量几乎没有任何价值；

③ 如果你可以在后续的一段时间内连续影响用户三次，才能达到一定效果；

④ 测试结果显示，连续影响用户七次，可以让用户真正接受新产品，从而拉动销量。

做生意的人都听说过一个词——熬店。也许你连续几个月生意都不好，过了半年生意才慢慢走向正轨，这是为什么？很大原因是客户在观察你，了解你，慢慢地次数多了就会试着进店消费，如果你的产品不错，口碑也会慢慢建立起来。所以新开的店铺如果生意不好，不要把时间浪费在抱怨上，这是一个必经的过程，一定要用这段时间打磨自己的产品和服务，不断测试各种营销方法，早日度过熬店期。

可以把顾客当作有"健忘症和性冷淡"的人。因为顾客每天看到的广告太多了，大脑根本记不住几个，别有侥幸心理。其次，人们对广告都有排斥心理，很难快速对产品产生热情。

那我们应该怎么做才能在用户心中留下印象呢？在实际操作时，很多企业都会同时使用多种媒体，全面影响。用户坐地铁时刷朋友圈，被你的文案感动得热泪盈眶；含泪走出地铁，她看到文案中的金句，出现在灯箱广告中，再次被触动；到了写字楼，电梯里的框架媒体提醒她，关注微信公号就能知道主人翁结局；中午休息时，她收到公号推送，回答这两个问题，就能免费试用主人翁同款产品。

在人的大脑中存在一个无意识的深层区域，它直接影响了人们的行为动机。那些不断重复的话语会进入到这个无意识的区域。到达一定程度后，人们会将那些话语当作自己的思考判断，从而做出决策。所以那些"不断重复"的广告虽然很多人觉得水平一般，但威力惊人，其原因就在这里。"今年过节不收礼，收礼只收脑白金""怕上火，喝王老吉""肚子胀，不消化，用江中牌健胃消食片"

都是这样的思考方法。

在运用七次法则时，一定要注意以下要点。

① 要引起用户注意。

② 要让用户在产品上停留几秒，突出产品的特色，最好在用户大脑中形成短期记忆。

③ 人的大脑会把看到的产品本能地进行归类，并存储在大脑中，所以你的产品一定要易于归类。

④ 做任何营销活动一定要营造场景，刺激用户记起大脑中对产品的印象。

⑤ 在广告中一定要设计引导用户消费的细节，而后就是"重复"。

⑥ 切忌着急，而要逐层深入。如果你把"七次法则"理解成七次简单的重复，那么不会有任何效果，相反还可能被用户拉黑。

那么这个"七次法则"，在实际的商业世界中是如何运用的呢？7-11是全球知名的连锁便利店，它在早期创业时，面临一个选择：到底是先在全国100个城市各开一家店呢，还是先在同一个城市密集开100家呢？7-11最后选择了"同城密集开店"的策略。密集开店，除了能优化供应链，还有个好处，就是突破阈值。用户在这里看到一家，在那里看到一家，看到第7家、第8家、第9家……，终于接受了你的品牌。

再比如：消费者打开美团挑选外卖，被你家的特色菜品所吸引；外卖到了，他打开包装拿出了一张纸垫，垫着用餐时看着上面印的新品广告和门店信息，再次加深了印象；用完餐后，写下评价很快便收到了回复；第二天饭点前，收到一张你送出的折扣券，当天用券点了一份新品；逛街时，收到路边传单，是你的广告；发现你的店就在不远处，他到店之后看见你品牌的特色标语；等餐时发现你的Wi-Fi密码关注公众号就可以领取；进入公众号后收到了你的品牌故事。

虽然不是每个消费者都会经历这样的流程，但其一，这便是要去优化的地方，让更多的消费者根据你设计的流程一步一步进入终点；其二，各流程本身就是各自独立的并且每一处都能体现品牌特色。

14.13 迭代的思维

大家是否发现了这样一个现象？世界在加速变化。20年前，我们的观念是人只要学会一个技能，这个技能就可以帮他找一个安稳的工作，然后一辈子衣食无忧。但现在呢？任何一种技能都可能在未来几年间变成一种无用技能。

当世界加速变化之后，你会发现新生事物崛起的速度更快了，比如抖音、拼多多、滴滴出行，这些似乎都是在几年之间就成长为国民级应用。但新生事物加速崛起的同时，它也一定会加速凋零，比如曾经的乐视。这种现象为什么会发生？是因为世界的加速变化，让品牌的生命周期变短了。我们用图14-9来表达。

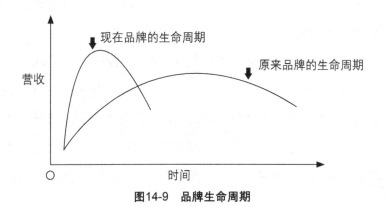

图14-9　品牌生命周期

世界上的任何事物，不管是实体的还是虚拟的，他们的生命周期都呈抛物线式变化。品牌在经历过一个生命周期后，如果想继续逆势成长，那么会遇到一个"奇点"。在这个"奇点"上，大品牌需要一种颠覆性的创新，而不是渐进式的创新，才能挽救自己的颓势。而品牌自救的关键就在于预知这个"奇点"，主动爆炸自己，在破坏中创造生机。所以，品牌需要的是在"奇点"状态下的迭代能力。当品牌无法在"奇点"上迭代，品牌就会被消费者遗弃。

我们回到现实，如果你的品牌此时此刻已经进入衰退期，我们应该如何做？首先要区分品牌的衰退类型。我们常把大品牌的衰退简单归结为"品牌老化"，这个词有时容易给人误导，让人以为大品牌的衰退只是品牌问题，其实大品牌的衰退可以分为三种情况：需求型衰退、产品型衰退，如图14-10所示。

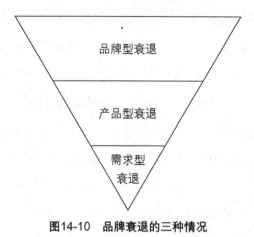

图14-10 品牌衰退的三种情况

（1）需求型衰退

需求型衰退，就是这个产品需求已经被时代淘汰了，甚至这个品类都会消失。比如爱多VCD、小霸王学习机。进入数字化时代，几乎没人会用VCD看电影；电子产品的高度发达，也不会有家长再给孩子买古老的学习机，父母只要在平板电脑里装个学习软件就好了。

大家不要觉得爱多VCD、小霸王学习机这样的东西只是"古董"。在科技光速发展的今天，任何产品和品牌都有可能在几年之内变成"古董"。我们举个残酷的案例——700Bike。700Bike是一个2012年推出的城市自行车品牌，他们的自行车非常酷，曾获得过iF和红点大奖。但这么酷的城市自行车却突然卖不动了，最主要的原因是共享单车来了。700Bike创立的初衷没有错，解决短距离交通不便的问题，让时尚的自行车重新成为生活选择。但大街小巷上林立的共享单车，打碎了700Bike最基础的用户刚需。

如果产品已经走到了被淘汰的边缘，除了解散公司之外，我们还可以尝试去发现产品的其他需求点，打一个漂亮的败仗！是的，退有退的艺术，败也有不惨败的方法。我们举个典型例子，来解释这件事。

2016年，美国黑胶唱片销量达到了1300万张，同步增长64%。而且特别有意思的是，48%的购买者并没有听过这些黑胶唱片，其中7%的人表示，他们根本没有黑胶唱片用的唱机。一位英国18岁的黑胶唱片购买者说："对于我来说，Youtube和Spotify都能够很简单地获取到我想要的音乐。但是，我依然会选择黑胶唱片。我认为，这能够让我们缅怀过去，让我觉得这种收藏是有意义的。"许多购买者购买黑胶唱片，只是出于收藏目的。他们希望能以有形的方式保存艺术作品，这既是对偶像的一种支持，也是追求音乐的一种象征。另外，黑胶唱片也造就了一部分"炒家"，通过收藏稀有的黑胶唱片来投资。所以，如果你是一家制造黑胶唱片的品牌，你要拟定的战略就是极力打造黑胶唱片的收藏价值，具体可以怎么做呢？

① 差异化定价，珍贵的唱片定高价。

② 做限量抢购，营造产品的稀有性。

③ 和网易云音乐、QQ音乐这样的流媒体合作，在其音乐播放器下，售卖该歌手的黑胶唱片，针对粉丝群体定向营销。

④ 在小红书、豆瓣、淘宝、咸鱼等平台上，建立黑胶唱片的群组，推出关于黑胶唱片的选购笔记，撰写经典黑胶唱片的故事，在年轻人中"种草"黑胶唱片，培养和壮大消费群体。

⑤ 制造黑胶唱片具有收藏价值的新闻事件。例如，猫王签名的黑胶唱片在海外拍卖出高价。

黑胶产品产业的复苏告诉我们：当一个产品的刚性需求已经消失，我们不妨去挖掘一下它的精神需求。

（2）产品型衰退

一旦品牌进入衰退期，很多人都以为这是"品牌老化"了，于是改标志、改标语、换代言人、做出年轻态的广告和海报，但这些改变大部分都失败了，原因就是，很多衰退期的品牌都犯了一个致命错误，他们把"产品老化"当做了"品牌老化"。

品牌老化，只是消费者对品牌的观感变了，对产品的消费欲望并没变。而产品老化是产品力出了问题，多出现在产品迭代频繁的品牌中，如手机、鞋服、饮料。品牌老化只是品牌的"中年危机"，产品老化则是品牌生命里的"癌"。我们就拿大家都熟悉的李宁为例说明这个问题。

李宁是"潮"牌？谈到李宁的品牌复活，所有人能想到的是2018年的纽约时装周。从李宁到中国李宁，这次变脸之后，很多人以为李宁成了"潮"牌。其实"国潮"计划只是李宁品牌变革的一小部分，李宁公司真正的发力点在专业运动领域。

2018年，李宁公司营收108亿元，其中跑步、训练、篮球、运动时尚各占20亿元。所以，"专业运动品牌"才是李宁变革的重头戏。我们常听到中国李宁的"悟道"一鞋难求，但早在2016年，"韦德之道4""音速4代""李宁弧"就已经遭到疯抢。

李宁的品牌战略变了？从"李宁"到"中国李宁"，通过品牌重塑，召唤90后消费群；从批发模式，转型零售模式，解决库存压货问题；从国内迈向国际，品牌出海，打造国际李宁；从价格竞争过渡到价值竞争，挣脱低利润泥潭。以上就是在李宁重掌帅印之后，李宁公司做的战略转型。但其实，这些所有的战略意图，早在2010年，时任李宁公司的CEO都践行过，只不过当年都失败了。

李宁的营销力度增大了？2018年的纽约时装周过后，我们时常能听到李宁品牌的声音，尤其在社交媒体上，李宁成了话题宠儿。但其实，李宁这几年的营销预算是下降的。早在李宁回归的第一年，就比上一年的广告预算减少了2.1亿元。那么，李宁是靠一场时装周走秀实现的品牌年轻化战略吗？为什么2010年没成功的品牌转型在2018年实现了？在营销预算缩减后，李宁凭什么能大卖和刷屏？

这三个问题的答案我想用一句话来解释：如果产品没有号召力，口号喊得再大声也没用；如果产品刷新了大众认知，年轻人反而会为你喊口号。

当品牌进入成熟期之后，往往从攻城变成守城，它们会守护品牌的第一提及率，守护市场的第一份额，扼杀新冒头的竞争者。但有一点是大品牌永远无法防范的，那就是技术的变革、文化的变迁。所以，大品牌在时代面前，常常是被动创新者。大品牌的这种滞后反应，导致了大品牌的迭代能力相对较差。

李宁之所以能再次崛起，是因为李宁在产品设计端，做出了引领时代审美的"国潮"服饰。在这一点上做得好的还有华为手机，P30手机的大受欢迎，不是靠价格，而是科技创新。

（3）品牌型衰退

当需求依旧坚挺，产品依旧过硬，但市场下滑，那么就是遭遇了品牌型衰退。但我们对品牌型衰退的误解，不亚于产品型衰退。企业常常把品牌衰退简单地归因成以下两点。

① 品牌衰退是因为品牌不洋气，审美跟不上时代。但为什么椰树椰汁市场依然稳固？

② 品牌衰退是因为企业还抱着老旧的传播渠道不变，要玩抖音、做小红书。但我们怎么解释老干妈连营销都不做，但有华人的地方就有它？我认为品牌型衰退的根本原因，是消费者对品牌"无感"了。也就是你的形象、你的口号、你的创意都没有任何存在感。

椰树椰汁、老干妈，他们虽然不洋气，很少宣传自己，但他们的身上就是带着那种独特的品牌个性，让他们成为舆论的焦点，成为消费者的谈资。

如果企业进入品牌型衰退期，品牌要做的不是简单地升级审美，也不是换一种年轻人喜欢的表达方式去运作品牌，而是要刷新消费者的感知，让品牌继续拥有谈资价值。创造谈资价值，不是单纯指运营微信、微博、抖音，不是找几个KOL合作，而是品牌要从内到外拥有被消费者议论的价值。这个谈资价值可能是夸你的服务好，例如海底捞；吐槽排队太长太累了，例如喜茶；说你的形象颠覆了之前的认知，例如李宁和百雀羚。

不管你是改标志、换标语，还是准备开始玩抖音、抽奖，当品牌的基因没有这个谈资价值，品牌再怎么折腾都是在"自嗨"。以上，是品牌的三种衰退方式。但不论品牌是在哪种情形下进入了衰退期，其根源都是企业在关键的时间点，丧失了迭代能力。那么，一个品牌如何拥有迭代能力？这个问题可能超出了品牌理论的范畴，具备迭代能力的是一个进化型组织。

因为世界在加速变化，所以，一切组织都要随之加速进化。当今时代，品牌如果想永远增长，那么它必须依附在一个可以不断进化、成长的组织里。

一个进化型的组织有三个特点。

① 自下而上，而不是自上而下。腾讯经历了自"3Q大战"之后最大的组织变革，从对个人向对企业和政府的业务转型。现在的微信就是自下而上诞生的应用。

② 是群落式的，而不是帝国式的。国外有机构统计：当一个组织人员超过200人时，它的运转依赖的就不是人，而是制度。当下的大机构，例如阿里巴巴、谷歌等，都在尽力拆分自己的组织架构，让他们成为一个个可以自力更生的团队，而不是打造一个大帝国。因为帝国往往等同于自上而下的管理，往往意味着丧失民主和自由。

③ 是弹性的，而不是坚固的。坚固的组织往往意味着不犯错，而想要不犯错，最好的方式就是不去尝试，但创新、迭代需要的就是小幅试错。所以，我们需要的是一个可以容错并纠错的组织，而不是一个一直不犯错的组织。

我们之所以说"品牌越大，离死越近"，是因为世界在加速变化，导致品牌的生命周期缩短，品牌的崛起和凋零都比以往更加迅猛。所以，我们需要打造一个可以迭代的进化型组织，拥有不断蜕变的能量。在这个加速的世界里，我们不仅要拥有大品牌的实力，更要拥有再一次，乃至再再一次成为大品牌的迭代能力！

第15章

品牌营销下的4P、4C、4D、AIDA模型

 ## 15.1 品牌营销下的4P模型

品牌营销离不开营销模型的应用，营销模型能够为我们的营销工作提供科学的指导。在众多的营销模型中，4P模型是最经典的一种，其指的是四个基本策略的组合，包括渠道（place）、产品（product）、推广（promotion）、价格（price）。4P模型在品牌营销中的作用是巨大的，我们更多是要在理解的基础上，利用这些科学的方法论为品牌创造价值。

（1）渠道

品牌营销的渠道有很多，对于企业而言，最重要的是选择适合自己的渠道。

首先，企业需要了解不同渠道的核心用户群。用户是渠道的基础，没有用户就没有渠道，想要借助某个渠道进行品牌宣传，了解了渠道的属性后，就需要了解该渠道核心用户群的需求，分析用什么样的表达方式能够影响这些用户，这关系到品牌在传播中能否被更多的人接受。

其次，企业要尽可能多地扩展品牌营销的渠道。无论是网络推广、自媒体推广还是广告牌推广，都是有效的品牌营销渠道。企业应维护好官方网站、社交媒体账号等线上营销渠道，同时做好线下广告宣传、实体店运营等，整合线上线下多种渠道，进行多渠道的品牌营销。

最后，企业需要根据品牌定位和渠道的用户感知来选择合适的渠道。用户对不同的渠道有不同的感知，如其往往会对网页广告感到不快，而对电视广告、社交平台推广的广告等接受程度较高。渠道的用户感知对于企业的渠道选择而言十

分重要，如奢侈品品牌会严格把控品牌营销的渠道，在很多用户感知较差的宣传渠道中是看不到奢侈品广告的。

企业需要保证品牌用户调性和渠道用户感知调性是一致的，在选择渠道时考虑品牌定位与用户情感。比如企业的品牌定位是高端品牌，面向的是高端人士，则只能选择用户感知为高端的渠道，选择低端渠道会降低用户对于品牌的心理预期；如品牌定位为低端品牌，面向的是普通大众，则对营销渠道没有太高要求，只关注渠道的曝光度和转化率即可。

（2）产品

产品是品牌营销的核心，也是企业品牌的载体。产品是为了满足消费者需求而产生的，当产品因难以满足消费者的需求而难以销售的时候，只一味地加大营销力度是没用的，改进产品使其适应市场才是正确的策略。

以手机行业的产品为例，诺基亚衰落的原因不是品牌、产品质量等出现了问题，而是没有紧跟智能手机的发展趋势，产品与用户需求不再匹配是其衰落的根本原因。而苹果能够建立在手机行业的领导地位，原因就在于其及时从电脑市场调转目光，进军智能手机市场，使产品更加满足消费者需求。而在当下的手机市场中，擅长顶层设计的苹果和华为、追求时尚新潮的三星、追求性价比的小米都有各自庞大的用户群体，这与其关注用户需求，根据用户需求研发产品密切相关。

所以，同一个市场中用户的需求千差万别，产品能够满足一部分用户的需求，就能够获得一部分用户的支持。因此，品牌营销应先聚焦产品，如产品与市场需求不匹配，就要进行产品优化或推出新产品，同时用户的需求是不断升级的，因而产品也必须不断进化。

（3）推广

推广是品牌营销的主要工作，是企业塑造品牌形象并使品牌形象获得更多人认同的一系列活动，主要目的就是提高品牌的知名度。在进行品牌推广时，企业应以品牌核心价值为中心开展各种营销活动，通过产品发布会、广告、促销活动等演绎品牌核心价值，加深消费者对于品牌的印象。

如何做好品牌推广？首先，要开展多样化的品牌推广活动，如投放电视广告、进行SEM和自媒体推广、开展促销活动、与其他品牌合作推出联名产品等。其次，开展品牌推广活动时需注重消费者的参与性，刺激消费者分享转发，使其主动传播品牌信息。为此，企业需要在活动中设计多样的互动环节或通过奖励激励的方式刺激消费者传播品牌。最后，品牌推广并不是一蹴而就的事情，企业要持续开展营销活动，保证品牌的持续曝光。

（4）价格

产品的价格是价值决定的，同时其也受供需情况、销售场景、消费者心理等多方面的影响。产品的价格并不是一个成本推导的结果，而更像是一个心理构建的过程。

在给产品定价前，我们首先需要了解产品定价的秘密。

① 价格有相对性。价格具有相对性，人们能够分析出产品的相对价格，但很难判断产品的绝对价格。即将产品A和产品B相比较，人们能够判断A产品应该比B产品价格更高或更低，但是很难确定产品A的具体价格。

② 人们对价格的构建来自环境线索。人们之所以了解产品的价格，是因为其记住了商店中产品标注的价格，对以往产品的价格认知是其衡量其他产品价格高低的基础。比如往常超市中的洗发水都是30元一瓶，而后上架了一款标价为50元的洗发水，人们就会觉得贵，因为这个定价比人们熟悉的定价更高。人们在评价产品的价格时，会受到外部线索的影响，这些线索成为人们判断产品价格的锚点，影响人们的价格判断。

③ 人们的支付意愿有强烈的主观成分。支付意愿即为获得产品支付金钱的意愿，这个意愿带有强烈的主观成分，极易受到影响。比如一些知名度较高的品牌具有较高的品牌溢价，但其忠实用户依旧会选择购买其产品，这就体现了人们主观上的支付意愿。

了解了以上几个产品定价的秘密后，企业在为产品定价时才更有针对性，通常采取的定价策略包括以下几个方面。

首先，制造价格锚点。制造价格锚点能够让消费者通过价格对比认识到当前产品的价格是十分划算的，如在推出新品时规定"新品上架前两个小时8折促销，现价240元，两小时后恢复原价300元"。

同时在为产品定价时，也可推出不同价格的套餐，以此引导消费者选择。比如，某品牌同时推出了三款新产品，产品A定价60元、产品B定价70元、产品C定价100元，同时制定了多样的套餐供消费者选择。其中，产品A与产品B的组合套餐为119元，产品A与产品C的组合套餐为149元，产品B与产品C的组合套餐为159元，产品A、产品B、产品C的组合套餐为199元。产品上架后，第四个套餐的销量远远大于前三个套餐的销量，而该套餐也正是该品牌主推的套餐。有了前三个套餐作价格锚点，消费者会觉得第四个套餐更加划算。

其次，激发消费者的主观支付意愿。许多产品都带有多样的售后服务，企业可以通过售后服务激发消费者的主观支付意愿。比如，某品牌新推出的空调定价3099元，同时再支付40元可享受二年保修服务，支付50元可享受三年保修服务，支付99元可享受上门清洗服务等。产品的售后保障和售后服务是很多消费者十分关心的问题，其也会愿意为保障和售后服支付费用。

15.2 品牌营销下的4C模型

当下，随着智能制造的发展，制造业的商业模式也逐步改变，以用户和服务为导向受到越来越多企业的青睐。对于品牌营销而言也是如此，只有了解用户需求，根据用户需求进行品牌营销，才能够使品牌深深植根于用户的心智中。品牌营销理论中的4C模型能够为企业以用户为中心进行品牌营销提供思路。

4P营销模型是以企业为中心的营销模型，而4C营销模型是以用户为中心的营销模型，其包括用户（customer）、成本（cost）、沟通（communication）和便利（convenience）四个方面。

（1）用户

4C模型中的第一个C为用户，即企业由关注产品本身转向关注用户的需求，关注的焦点为用户需要的产品和服务。这意味着企业要深入了解用户的需求，以此才能研发出用户真正需要的产品。

同时，除了根据用户需求研发产品外，企业还要建立以用户为中心的营销观念，将"以用户为中心"这一理念贯穿于品牌营销的整个过程。企业应站在用户的立场上推出符合用户需求的产品，按照用户的需要及购买行为的要求进行产品销售，同时为用户提供优质的服务。

（2）成本

4C模型中的第二个C为成本。成本不仅是指企业的生产成本，还包括用户的购买成本，也意味着产品定价的理想情况，应是既低于用户的心理价格，也能够让企业获得盈利。此外，用户购买成本不仅包括产品价格支出，也包括其为此耗费的时间、精力以及承担的购买风险。用户在购买某一产品时，除耗费资金外，还要耗费时间和精力等，这些构成了用户的总成本。

由于用户在购买产品时，总希望把有关成本包括资金、时间、精力等降到最低，因此，企业必须考虑用户为满足需求而愿意支付的总成本，努力降低用户消费的总成本。比如：通过降低产品生产成本和市场营销成本来降低产品价格，以降低用户的资金成本；提高工作效率以减少用户的时间支出；通过多种渠道向用户提供详尽的信息、为用户提供良好的售后服务，减少用户精力的耗费等。

一些企业会有一种误解，认为产品价格是用户购买产品的主要原因。低价在短时间内可能有利于产品销售，但从长远来看，其作用会越来越低，同时如果用低价取得市场，企业也难以生存。而将注意力放到用户支出的成本上，意味着除了产品价格之外，还有很多重要的信息值得考虑。企业也因此能够通过降低用户的时间支出、精力支出等，在不降低产品价格的前提下降低用户的购买总成本，以此获得更多利润。

（3）沟通

4C模型中的第三个C为沟通，即实现企业与用户之间的双向沟通。4P模型中的推广一般只由企业操控，而4C理论中的沟通则更有利于用户参与，有利于企业与用户通过沟通实现合作。

企业应通过同用户进行积极有效的双向沟通，建立基于共同利益的新型合作关系。不再是企业单向地引导用户，而是在双方的沟通中找到共赢的道路。为了提高品牌的影响力，企业必须不断地与用户沟通，包括向用户提供有关产品特性、价格、服务等方面的信息；影响用户的态度与偏好，引导用户购买产品；在用户心中树立良好的品牌形象。在当今竞争激烈的市场环境中，我们应该认识到：与用户沟通比品牌推广更为重要，更有利于品牌的成长和长期发展。

交流将建立与用户之间的更紧密的关系，能够拉近品牌与用户之间的距离，提高用户对于品牌的忠诚度。

（4）便利

4C模型中的第四个C为便利，即为用户提供更多的便利。4C模型强调企业在制定分销策略时，要更多地考虑用户是否便利，而不是企业自己方便，要通过优质的售前、售中和售后服务，让用户在购物的同时享受更多的便利。

当前，网上购物成为消费者购物的主要形式，电商平台、直播平台等为消费者提供了多样化的购物选择。企业需要深入了解产品销售的每一种渠道，分析消费者的每一种消费场景和消费行为，并有针对性地为消费者提供便利。4P模型中的渠道更适用于传统的销售渠道，而如果站在消费者便利的角度去思考问题，则能够思考更多有价值的因素。

站在这一立场上，企业能够有针对性地推出更多贴心服务，充分满足用户对于服务质量的需求，有利于提升品牌的竞争力。

15.3 品牌营销下的4D模型

随互联网的发展，消费群体出现了社交化、移动化的特征，其购买特点也呈现多渠道、个性化趋势。各类电商平台、新闻门户、线下实体店都是消费者获取产品信息的渠道来源；社交网络上的用户评价、意见领袖的言论都会影响消费者的购买决策；而消费者购买后的品质服务也会影响其对品牌的信任度。在消费模式转变、消费思想转变的大趋势下，重塑以消费者为核心的企业营销体系势在必行。

在新消费时代，涵盖需求（demand）、动态（dynamic）、传递（deliver）、数据（data）四个关键要素的4D模型，以消费者需求为基础，以互联网思维为指导，重新定义了企业营销模式。

（1）需求：聚焦消费者的需求策略

4D模型中的需求即企业需要了解消费者需要什么，然后积极宣传符合消费者需求的产品和服务，并用超出消费者期望的方式实现其需求。同时企业也要主动预测消费者的需求，力求研发出消费者尚未意识到其所需要的产品。而科技的进步为企业获取消费者信息、分析和预测消费者需求提供了支持，掌控消费者需求的能力也成为企业的一种重要能力。

聚焦消费者需求策略强调以下几个方面。

① 关注营销各环节需求，优化营销价值链。企业在品牌营销的过程中可通过社交平台、电商平台等多种渠道与消费者连接。无论线上还是线下，营销价值链都会涉及除了企业和消费者以外的利益相关方，电商平台、营销团队、代理商、经销商等营销价值链中的每一环都决定着消费者的需求是否会被满足。因此，企业不能只关注消费者的需求，也应关注营销价值链中各利益相关方的需求。

② 利用互联网工具预测消费者需求。在互联网时代，消费者的很多购买行为都转移到了线上，比如在网上搜索和浏览信息，关注感兴趣的产品，进行产品评价等，这些行为都能够体现出其需求。掌握这些数据，准确、及时地进行需求预测，能够使企业的营销决策更加科学。

③ 利用社交媒体平台获取消费者需求。社交媒体是企业与消费者实现连接的有效途径。借助搜索引擎服务企业提供的数据，企业可了解消费者最近搜索和关注的内容。消费者更可能与自己兴趣爱好相似的人产生同样的购物需求，因此，基于社交媒体平台，企业能够通过一些消费者的需求，预测与其相似的其他消费者的需求。

（2）动态：企业与消费者动态立体沟通

4D模型中的动态指的是随着新技术的兴起、社交网络的出现，企业与消费者的沟通不再是点对点的静态沟通机制，而已经演变成立体化的动态沟通机制。

消费者对于品牌的感知深受网络的影响，其可以通过各种社交平台与其他消费者分享对于产品、服务和购物体验的看法，品牌的口碑也逐渐形成。品牌的口碑能够影响消费者对于品牌的认知，进而影响其购买决策。口碑营销是一种能够快速传播的低成本营销方式，为品牌的建立与成长带来了机会。企业在与消费者沟通的同时，也要和深受消费者喜爱的社交网络KOL（Key Opinion Leader，关键意见领袖）进行沟通。

具体来说，立体化的动态沟通有以下几种形式：形成线上线下闭环，即通过线下活动和线上宣传，反复促进企业与消费者之间的沟通，由线上发起线下活动，再由线下活动引发线上讨论，形成闭环；整合各种传播渠道，多管齐下，以同一个声音覆盖所有渠道，吸引消费者的注意力；口碑传播，即通过产品体验建立品牌口碑，由KOL或消费者进行传播，由点及面逐渐发酵，形成大面积传播趋势。

企业建立立体化、动态的沟通机制，能够实现与消费者的多方面沟通，并能够及时响应消费者的反馈，有利于品牌的不断优化和广泛传播。

（3）传递：直接把产品价值传递给消费者

4D模型中的传递指的是在选择营销策略时，企业应优先考虑如何更便利地将产品的各种价值，包括产品功能、特性、品质、品牌等所产生的价值传递给消费者，而非只考虑企业生产、销售的方便程度。

在传统的营销策略中，相对于消费者的需求，企业更关注自身的需求，其难以有效识别消费者的需求，也无法快速响应消费者的需求。而在新消费时代，营销渠道向移动化方向发展，把握消费者关注的机会、快速完成交易成为企业营销的关键。

在价值传递过程中，个性化定制提供了新的价值传递模式，其以消费者为中心，消费者的个性化需求决定着企业的产品生产，同时企业运作由消费者的订单驱动。在这种模式中，消费者参与的环节更多，产品更能够体现消费者的个性化需求和独特价值。

当下，渠道下沉、O2O（Online to Offline，线上到线下）模式都更能满足消费者的个性化需求。以O2O模式为例，企业会向消费者提供与产品价值有关的各种信息，如介绍产品功能、型号、颜色与搭配套餐等，消费者可随意选择不同的产品功能、型号、颜色等进行组合，同时能够定制个性化的产品细节。在产品生产的过程中，消费者也可随时提出新的需求，企业可以及时修改产品设计。在物流过程中，消费者可以实时跟踪产品的配送信息，企业也可以随时取消、修改或追加订单。

这种价值传递模式将渠道简化为"生产商—消费者"模式或"消费者—定制—生产—消费者"模式，模式中的参与方只有企业与消费者，没有其他中间环节，企业能够直接把产品的价值传递给消费者。

（4）数据：精准定位个性化营销

4D模型中的数据指的是在互联网普及的当下，消费者的网络痕迹能够被追踪和分析，而这些数据是海量的、变化的，企业可以借助这些数据进行精确的个性化营销。

在移动互联网时代，消费者的地理位置、年龄、购物记录等都可以通过网络数据获得。多维度、动态变化的数据为企业分析消费者的购物行为和产品偏好提供了基础。

数据是科学决策的基础，离开了精确的、具有前瞻性的数据分析工作，企业也难以进行精细化管理，难以做出科学的决策。数据分析工作有助于企业进行精准定位并进行个性化营销，在这一过程中，企业以数据为基础，通过对数据的挖掘和分析，找到这些数据对应的人群，再针对这些群体进行个性化的营销，展开"一对一"服务，以更好地满足消费者的个性化需求。

15.4 AIDA模型：如何让产品被消费者购买

产品销售是产品生产的目的，要想让消费者为产品买单，最基本的就是保证产品满足消费者的需求。在当下的市场中，产品同质化严重，产品之间的竞争也十分激烈，无法吸引消费者的注意力就无法实现产品销售。

那么，如何吸引消费者的注意力？这就需要我们巧用AIDA模型，一步步地吸引消费者，最终引导消费者购买产品。AIDA模型包括四个部分：A为attention，即引起注意；I为interest，即诱发兴趣；D为desire，即激发欲望；最后一个A为action，即采取行动。有效的营销行为应是：先引起消费者的注意，然后让其对产品产生兴趣，再激发其想要购买的欲望，最后刺激其立即采取行动，马上下单。

15.4.1 A：引起注意

（1）引起注意的因素

AIDA模型中的第一个部分为引起注意，在信息爆炸的商业社会中，消费者的注意力是企业竞争关注的焦点，争夺注意力是一切商业活动的底层逻辑，只有了解了注意力的底层逻辑，才有可能在"流量为王"的竞争中获得更多生机。在品牌营销的过程中，哪些因素能够影响消费者的注意力？

① 刺激物的强度。提到"今年过节不收礼，收礼还收脑白金"，很多人都会想起脑白金，而知乎的广告"有问题，上知乎，上知乎、问知乎、答知乎、看知乎、搜知乎、刷知乎，有问题，上知乎"也深深植根于许多人的记忆中。当一个品牌、一个卖点在不断地重复的时候，就会很容易被人们记住。

② 刺激物之间的对比关系。产品的对比也能够吸引消费者的注意力。比如提起充电宝，很多人都会想到其四四方方的形状，这时推出一款口红大小的充电宝

或其他形状的充电宝等，都能够更加吸引消费者关注。产品的对比可以是形状、颜色、功能等各方面，对比差异越大，越能吸引消费者的关注。

③ 刺激物的活动和变化。与静态的事物相比，动态的事物更能够引起消费者的注意，比如与图文广告相比，视频广告更能够让人印象深刻。

④ 刺激物的新奇性。与常见事物相比，新奇的事物更能够吸引消费者的关注。比如和常见的图文广告、视频广告相比，融合先进科技、更稀有的3D广告往往能够吸引更多人的关注。

（2）引起注意的营销

在进行品牌营销时，企业的营销方案必须是与众不同的、出人意料的，最好能够通过情绪化的表达引起消费者的共鸣。

① 与众不同的营销。人们总是很容易注意到与周围环境有别的事物，因此一些企业在广告设计中会通过留白来突出焦点，或通过颜色的对比来塑造视觉冲击。比如无印良品曾推出过名为《地平线》的系列广告，通过大场景和少信息的对比吸睛无数，如图15-1所示。

图15-1　无印良品《地平线》系列广告

② 令人意外的营销。不按套路出牌、超出预期的事物也能吸引人们的关注。比如"黑色星期五"是美国著名的购物狂欢节，各大品牌都会进行各种促销活

动，但在某一年的购物节中，一家户外运动品牌却反其道而行，在节日期间劝诫消费者不要过度消费，而这则"反消费"广告打破了人们对于"黑色星期五"的认知，引起了巨大的关注，该品牌的销量也因此猛增。

③ 唤起消费者情绪的营销。成功的营销必须是能够打动消费者的，即能够唤起消费者的情绪，这样才能够集中消费者的注意力。比如，喜茶是一个深受消费者喜爱的品牌，很多喜茶店在营业时，店铺都会排起长队。而借着喜茶这股东风，丧茶也顺势兴起，丧茶来源于微博网友的一个"脑洞"，即在喜茶店对面开一家丧茶店，然后用生活中各种不开心的事命名各种产品。于是网易新闻与饿了么就真的顺势开了一家只营业4天的"丧茶"快闪店，既对标喜茶店，又迎合了正流行的"丧"文化。这家店前期没有做任何宣传，仅凭网友自发传播，开业第二天就红遍了朋友圈。

丧茶的每款产品后都有专属的"丧"文案，如图15-2所示。现今，年轻人工作压力大，急需一个发泄情感的出口，而丧茶恰好为人们提供了这样一个平台。再加上其产品新奇有趣的切入点，很容易就唤醒了消费者的情绪，引发了许多消费者的共鸣。

图15-2　丧茶之乌龙茶

丧茶成功吸引消费者关注的原因就在于其传达出了在消费者群体中普遍存在的"丧"的情绪，能够吸引消费者关注并引发共鸣。

15.4.2　I：诱发兴趣

AIDA模型中的第二个部分为诱发兴趣，即通过向消费者展示产品的特色，或是向其解释产品将怎样促进他们的工作和生活而引起他们的兴趣。产品的展示可以引起消费者的兴趣。而企业对于产品的宣传——告诉消费者这些产品如何积极作用于他的生活和工作，则可以让消费者将这种兴趣一直保持下去。

如何展示产品？展示产品的目的是让更多的消费者在更短的时间里更好地了解产品，加深消费者对于产品的认知。对于创新性的产品而言，我们要借助人们熟知的事物来描述产品，比如在iPhone问世时，乔布斯在介绍iPhone时并没有直接表示其是一部智能手机，而是这样介绍iPhone：iPhone=1个大屏iPod + 1个手机 + 1个浏览器。因为当时还没有"智能手机"这个概念，消费者也很难对这一概念有具象的认知。而乔布斯借助人们所熟悉的几个概念，让其很快就理解了什么是iPhone。

在产品特征或功能的介绍上，同样可以寻找消费者广泛认知的对象进行关联，并以此引起消费者对于产品的兴趣。

如果展示的产品并没有概念上或功能上的颠覆，那么我们应如何展示产品？答案就是展示产品的卖点，即产品在哪些方面更好。比如，雷军在小米9的发布会上，表示小米9在拍照时的成像品质更高，并对比了不同品牌手机的拍摄效果，如图15-3所示。

图15-3　其他品牌手机与小米9拍摄月亮的不同效果

产品在何时何地如何使用是值得深思的问题，在观看广告时，消费者很难去思考这些问题，因此我们应洞察消费者的生活习惯，将产品植入到他们的生活场景中去，并表述出产品的价值，以此激发消费者对于产品的兴趣。比如脑白金的广告就为产品植入了一个过节送礼的场景，为产品打造了一个"送礼佳品"的标签，每当过节的时候，许多消费者在给亲人长辈送礼时都会想到脑白金。

此外，为消费者提供体验产品的机会也能够使消费者对产品产生兴趣，并且消费者体验产品的时间越长，越容易购买产品。比如，华为、小米等公司除了进行线上销售外，还会在线下开设体验店，为消费者体验各种产品提供便利。

15.4.3　D：激发欲望

AIDA模型中的第三个部分为激发欲望，即激发消费者的购物需求。我们要做的是找到产品特点与消费者购买欲望之间的契合点，然后说服他，让对方相信在使用了产品后，他的这种欲望将会得到满足。如何激发消费者的购物欲望？我们需要做好以下几个方面。

（1）巧用消费者心理

消费者都有趋利避害的心理，我们可以巧用这一心理激发其购物欲望。首先我们要清楚，消费者会恐惧什么？可能是失去健康，金钱、朋友或其他已经得到的东西。我们需要找到产品对应的消费者的痛点，并通过使用场景和严重后果的描述来激发消费者内心的恐惧，让其认识到产品的价值并激发其购物欲望。

比如，南孚曾推出一款轻巧型的充电宝，但当时充电宝市场已趋于饱和，于是南孚基于充电宝轻巧的特点利用漫画的形式为消费者展示了三个让人感到痛苦的场景。

这三个场景分别为下班后回家、晚上聚会和逛街的时候都要带着笨重的充电宝，让人十分纠结，而这三个场景中的主人公有一个共同的诉求——想要一个小巧轻便的充电宝。这种贴近日常生活的场景描述能够引起许多消费者的共鸣，也能够反映许多消费者的诉求，因而能够激发其购物欲望。

（2）制造流行

人们的行为往往会受到他人的影响，甚至会根据周围人的反应做出相应的反应。比如很多人都认为，淘宝里销量高的产品性价比会较高，很多人排队的餐馆味道会很好，喜茶、脏脏包的流行也是基于消费者的这种心理。

这给我们进行营销提供了一个很好的思路，即在广告里展示出产品的销量、用户量等数据，以激发消费者的购物欲望。比如拼多多的宣传语为"拼多多，3亿人都在用的购物APP"。同时我们也可以通过名人背书、明星代言等提高品牌的影响力，吸引人们去跟随。

（3）制造一个合理的理由

为消费者购买产品提供一个合理的理由能够激发其购物欲望，我们可以告诉消费者，购买这个产品不是为了享受，而是为了以下三件事情。

① 补偿自己：补偿自己是一个合理的消费理由，一些人在日常生活中付出了很多时，往往会想补偿一下自己。许多品牌都基于此进行营销，比如三全水饺的宣传语为"吃点好的，很有必要"。

② 补偿或感恩别人：如果一个人感觉别人为他付出很多，而自己付出很少时，往往会对别人产生愧疚心理并想要做出一些补偿行为。很多品牌也会根据消费者的这一心理进行营销，比如明基投影仪曾在微电影中宣传"就算是家人，也要继续当恋人"。

③ 追求健康：对于健康的需求是消费者的基本需求，一些品牌也会根据这一需求进行营销，比如伊利的宣传语是"每天一杯奶，强壮中国人"，舒肤佳的宣传语是"爱心妈妈，呵护全家"。

（4）满足消费者尊重和自我实现的需求

马斯洛需求理论把人的需求分为五个等级，分别是生理的需求、安全的需求、归属与爱的需求、尊重的需求、自我实现的需求。消费者在购物时也存在尊重的需求和自我实现的需求。因此，我们在进行品牌营销时要激发出消费者的美好愿景，比如人头马的宣传语为"一生，活出不止一生"，表明喝人头马的人都活得十分精彩。

15.4.4 A：采取行动

AIDA模型中的最后一个部分指的是采取行动，即引导消费者做出购买决定，完成产品销售。在产生购物欲望后消费者往往犹豫不决，而我们需要做的就是消除消费者的犹豫，让其顺利下单。

（1）降低消费者的决策成本

消费者在购买产品阶段可能会思考以下问题。

这个月的预算好像超标了，要不等到节日促销时再买。（金钱成本）

这个乐器好像太复杂了，如果学不会，买了可能会闲置。（学习成本）

这个课程挺好的，但是需要注册和验证，太麻烦了。（行动成本）

消费者在购买产品的时候总是这么纠结，他们会思考金钱成本、学习成本、行动成本等。

作为营销人，我们需要准确识别消费者可能付出的成本，并予以补偿，降低其消费成本，这样消费者才可能快速下单。

赠送赠品是对消费者进行补偿的一种方式，同时赠送赠品时需要注意以下三点。

① 赠品必须和主打产品有关联性，比如主打产品是手机，那么赠品一般为手机壳、钢化膜、充电器等。

② 必须注明赠品的价值，如"购买新款手机赠送价值299元的耳机"。

③ 控制好赠品的成本，依自身情况而定。

除了赠送赠品之外，对消费者做出零风险承诺也能够降低消费者的决策成本。成交的阻力有两个，一个是信任问题，另一个是风险问题，而做出零风险承诺能够提升消费者对于品牌的信任，消除其对于风险的顾虑，促使其快速购买。比如许多品牌都会做出"7天无理由退货""如产生质量问题，一年内免费退换""产品一年保修"等承诺。

（2）设置价格锚点

消费者在不确定产品价格的时候，会寻求对比来判断产品的价格是否合适，而我们可以为消费者设置价格锚点，促使消费者采取购买行动。比如，迪士尼乐园就用设置锚点价格的方式销售年卡，其销售的年卡有以下三种。

① 可以在周日进园游玩的年卡，售价为1299元。

② 可以在周日和工作日进园游玩的年卡，售价为1599元。

③ 全年不限时进园游玩的年卡，售价为3299元。

大多数消费者在经过权衡之后，都会认为售价3299元的年卡价格过高，而且只比售价1599元的年卡每周多了一天可游玩时间；而售价1299元的年卡虽然比售价1599元的年卡便宜，但每周却少了五天可游玩的时间。经过这样一番对比，大多数消费者都会认为售价1599元的年卡最为划算，于是纷纷选择办理这张年卡，而这张年卡才是迪士尼最想要销售的年卡。在这个案例中，其他两种类型的年卡的售价1299元和售价3299元就是两个锚点价格。

出于追求实惠的心理，消费者在购物时都会希望购买到性价比更高的产品，而我们可以通过设置不同的套餐引导消费者做出选择。

（3）算账对比

消费者在购买产品时可能会细细地算笔一账，来分析购买产品是否划算，而这时，我们就可以帮消费者算这一笔账。有两种算账方法能够让消费者觉感觉十分划算，分别是平摊和省钱。

① 平摊：当产品属于耐用品，但价格较高时，我们可以把价格除以使用天数，得出使用产品每一天的花费，让消费者感觉到十分划算。比如一个洗碗机为3800元，可能许多消费者都会觉得贵，但当我们告诉消费者每天只需约1.5元，就能让他们从油腻的厨房里解放出来时，很多消费者都会心动。

② 省钱：如果产品能够节水、节电或节省其他消费，那么我们可以帮助消费者算出每个月、每年产品能够为其节省的钱。当消费者发现购买产品在之后能够节省更多的钱，其就会认为购买产品是划算的。比如自如公寓的宣传语为"住自如，3年不涨房租"，和其他住房每半年或每一年几乎都会涨房租相比，这样的宣传能够让消费者感觉选自如会节省房租。

（4）稀缺性与紧迫感

打造产品的稀缺性与销售的紧迫感能够为消费者营造一种机不可失的感觉，促使其快速采取购买行动。因此，我们可以开展各种限时限量促销活动，比如"新品上市，前一个小时8折促销""联名款衬衫，限量1000件"等。

第16章

市场细分是品牌营销工作的最核心标准

所谓市场细分就是把市场划分成为具有不同需求的消费者群体，并针对一个特定的消费者群体采取个性化的品牌营销策略。市场细分已经成为许多企业普遍采用的品牌策略，在竞争不断升级的当下，企业不可能获得整个市场，不能以同样的产品吸引所有的消费者，因此，企业必须根据市场需求和自身优势确定自己的细分市场，在此基础上进行品牌营销工作。

16.1 我们理解的市场细分是市场细分吗？

市场细分的目的是明确企业的目标市场，只有科学地进行市场细分才能够正确确定企业的目标市场。在市场细分的过程中，许多企业都对市场细分存在误解，很多时候，我们理解的市场细分并不是真正的市场细分。市场细分过于单一或者过于复杂都会导致市场细分失败。

在进行市场细分时，一些企业为图方便而选择单一的细分变量，仅以产品、人口统计因素等作为市场细分的标准，这样的市场细分往往是不科学的。

仅以产品作为市场细分的基础即企业根据产品寻找适合的目标市场，这无疑是以生产为导向的做法。比如，如果以奶粉这种产品为基础进行市场细分，则企业会认为购买奶粉的消费者都具有相同的需求。但事实上，由于消费者年龄存在差异，其在购买奶粉时也具有不同的需求。因此奶粉往往以年龄作为变量来细分市场，划分为婴儿奶粉、成人奶粉、老年人奶粉等。通过这样的细分，不同市场的不同需求也能够很好地显示出来。

人口统计变量包括年龄、性别、收入、职业、教育等多个方面，这些资料是企业进行市场细分的重要标准。但是，消费者需求并不只取决于人口统计因素，还会受心理因素、价格因素等的影响。因此，仅凭人口统计因素细分市场并不可靠。

与上述情况相反的是，一味采用多种变量细分市场也会为企业带来风险，主要表现在以下几个方面。

（1）错失一些有利的市场机会

在市场细分的过程中，如果将市场划分得过细，不仅会造成市场支离破碎，也会给企业的市场管理带来困难。细分后的子市场过多也会使得企业在选择目标市场方面更加困难，一旦选择失误，企业就可能会错失一些很好的营销机会。

（2）造成营销资源的浪费

如果同时针对几个细分市场开展品牌营销工作，则可能会因为市场的过分细分而影响资源的共享，导致营销资源浪费。比如在几个细分市场存在重合的部分时，不同细分市场的负责人可能都会在这一部分投入资金或人力资源等。

（3）导致营销成本增加

在进行市场细分时，如果将市场分得过细，形成诸多子市场，那么不同子市场营销方案决策的差异化会增加营销的成本。

① 生产成本的增加。为了满足多个细分市场消费者多样的需求，企业往往会对产品进行外观、功能等方面的修改，这需要支出额外的研发费用。同时，企业也需要针对不同的细分市场推出不同类型的产品，生产成本也会大大提高。

② 库存成本的增加。差异性的产品的库存管理成本要比单一产品的库存成本高一些，因为企业必须做更多的记录和审核工作。同时为了避免缺货，多种产品的库存量之和也大于单一产品的库存量。因此过分的市场细分会使产品的库存成本有所提升。

③ 促销成本的增加。将市场过分细分后，针对不同的细分市场，企业往往需要采取不同的促销策略，同时，每推出一种新产品，企业都要投入一定的资金做

促销，这些都会提升产品的促销成本。

④ 其他成本的增加。企业需要针对不同的细分市场设置不同的管理人员与销售人员，人力资源成本将大大提升。在制定不同的营销策略时，企业也需要进行复杂的市场调研、预测工作，此外还必须依据各细分市场的具体情况为产品定价，决策的多样化和复杂性会增加行政管理费用。

总体而言，如果以单一变量作为市场细分的依据，则这样的市场细分难以准确定位有相同需求的一类消费者，以此为基础进行品牌营销，营销工作难以击中消费者的痛点，同时，消费者对于品牌也没有清晰的认知。而如果以多个变量作为市场细分的依据，将市场细分为多个子市场，则或许产品能够精准地满足一类消费者的需求，但企业需要付出更多的资金投入，同时，多产品策略难以加深消费者对于品牌的印象，品牌的整体影响力也会被削弱。因此，在进行市场细分时，我们需要避免以上两种误区。

在进行市场细分时，最关键的就是分析不同消费者在需求、购买习惯、购买行为等方面的差别，然后将在以上几方面具有相似性的消费者群合并为一类，形成整体市场中的细分市场。在细分市场内部，消费者需求大致相同，企业进行品牌营销才会取得更好的功效。

16.2 市场细分怎么做？

市场细分究竟应该怎么做？企业在进行市场细分时，应遵循以下要求。

① 可测量性。细分市场要有明显的特征，并且这些特征是能够被测量的，即细分市场具有明确的范围。细分市场中消费者应具有相同的需求和相似的购买行为。

② 可进入性。企业所选择的细分市场必须是能充分发挥自身资源优势，有足够的能力去占领的市场，即企业能够顺利进入并占领这一市场。

③ 可盈利性。在进行市场细分时，企业所选择的细分市场必须有一定的规模和需求量，以保证企业能够获利。

④ 易反应性。即细分市场对企业营销战略的反应是灵敏的。

⑤ 有发展潜力。企业所选择的细分市场既要能满足企业当前的利益要求，又要具备一定的发展潜力，能够为企业带来长远利益。如果这一细分市场已趋于饱和，企业就应调转目光，寻找其他市场。

在遵循以上要求的基础上，市场细分工作也需要以合理的步骤展开，市场细分包括以下主要环节。

（1）界定相关市场

界定相关市场就是确定企业推广产品、进行品牌营销所要寻找的消费者群体。企业在确定消费群体时，必须明确自身的优势和劣势，根据自身的资源条件抉择产品线的宽度、消费者类型等。企业需要清楚地了解细分市场中消费者的需求是什么，并且确定自己是否能够满足这种需求。

（2）收集研究信息

企业需要收集、整理市场资料，并进行分析。比如通过对消费者需求的调查，来检验采用的细分因素是否合适。

（3）设计细分依据

企业在选择市场细分的标准时不能照搬以往细分变量，必须结合企业具体情况有所创新，以建立差异化竞争优势。因此，企业必须设计最佳的细分依据：先把各种有用的细分变量罗列出来，再对其进行划分。对于年龄、性别等变量的划分十分直接，而在划分消费者的消费心理、消费习惯时，则需要进行详细的调查，了解不同消费者的不同特征。

（4）确定目标市场

市场细分的结果往往是得到大量的细分市场，而企业难以在多个细分市场同时发力，因此，企业要对这些细分市场进行筛选，从而确定目标市场。在筛选细分市场时，企业要综合分析自身资源优势、竞争对手状况、市场发展潜力等，明确哪一细分市场能够为企业带来更多盈利。

16.3 你的品牌洞察细分了吗？

当前市场中很明确的一个趋势是，在品牌的崛起过程中，通过"跑马圈地"进行扩张的时代已成为过去，从细分市场入局更容易推动品牌的建立与发展。因此，在进行品牌营销时，我们首先需要对品牌进行反思，思考其是否瞄准了一个细分市场。

当下，大部分品牌都抛弃了过去按年龄、性别等粗放的消费者群体划分方式，从更细致的维度为消费者贴上各种各样的标签。比如：关注新的消费者群体，如单身群体、精致妈妈等；关注新的使用场景，如熬夜、一人食等；关注新的情感需求，如社交、新奇体验等。

洞察细分市场的品牌往往能够大获成功，目前市场上几个火热的国货品牌，就是立足于细分市场来打造自身特色的。比如：王饱饱麦片区别于普通麦片，是有冻干水果的麦片；小仙炖区别于普通的干燕窝，是鲜炖燕窝。其品牌的成功与其对市场的细分密切相关。

这些品牌的成功也意味着细分市场蕴含着极大的势能。从一个细分市场快速起势，快速占领消费者心智，持续推新品，实现从产品到消费者的闭环，能够在目标消费者群体中快速建立品牌影响力，这样的品牌营销才是高效能的。同时，在品牌营销的过程中，我们也应立足于细分市场，瞄准细分市场中的目标消费者进行品牌营销。

以"青春小酒"江小白为例，江小白是近几年白酒市场中的火爆品牌，在激烈的市场竞争中，江小白的销售业绩赶超了一批著名的老品牌，这得益于其品牌的成功，而品牌的成功很大程度上都是因为其立足于细分市场，以年轻消费群体为目标群体进行品牌营销。

首先，产品是营销的发起点。在产品方面，江小白以清香型的高粱酒作为自己主打的产品，白酒的口味清淡，更加适合年轻的消费者，同时也迎合了年轻消费者喜欢DIY（自己动手制作）的特点，消费者可以通过调酒来满足个性化的需求。

在产品的包装方面，江小白的包装设计也更符合年轻人的审美。酒瓶以白色和蓝色为主色调，磨砂的扁玻璃瓶也打破了传统白酒包装"酒坛"的形状，同时江小白戴眼镜、系围巾的卡通人物形象也是典型的年轻人的代表，这些设计都赋予了江小白青春的活力，如图16-1所示。

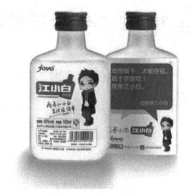

图16-1　江小白包装设计

其次，江小白为消费场景提供了解决方案。江小白为产品提供了四种消费场景：小聚、小饮、小时刻、小心情。小聚指的是三五朋友之间、同学之间的聚会；小饮指的是不拼酒，适度饮酒的场景；小时刻指的是下班回家、工作结束等让人放松的时刻；小心情是指江小白是和心情、情绪挂钩的，消费者可以通过喝江小白释放情绪。而针对以上的不同的消费场景，江小白也有相应的产品战略。比如，江小白经典的小瓶装产品，就能够满足三五人小聚的社交需求；江小白瓶身的精彩文案能够满足消费者情绪表达方面的需求。

再次，江小白用品牌连接消费者情感，其品牌建设工作紧紧围绕消费者展开。比如，江小白曾推出表达瓶，消费者可自己设计瓶身的文案，如果文案被选中，就会以此文案进行批量生产。这样一来，消费者不仅是江小白的用户，同时也是包装的设计者。通过这种方式把来自消费者的内容再返还给消费者，能够加强江小白和消费者之间的互动，也能够使其文案更具感染力。

最后，在打造品牌IP时，江小白也十分注重IP的文化调性，致力于打造年轻人喜爱的IP，比如与同道大叔、张小盒等品牌推出了联名产品，二者同样是年轻人十分喜爱的品牌。

江小白品牌的成功之处就在于其洞察了细分市场，产品设计和各种营销活动都击中了年轻消费群体的需求，甚至在其品牌的强大影响下，年轻消费群体成了其品牌营销的主力军。

第17章

建立自媒体是品牌营销传播成本最低的手段

17.1 自媒体怎么建立？

自媒体在引流方面具有巨大优势，自然也成了品牌营销的重要手段，那么，企业应如何建立自媒体呢？当下，自媒体领域火热发展，涌现出了多样的自媒体平台，要想覆盖尽可能多的消费者，实现更好的品牌传播效果，就要放眼全局，打造自媒体矩阵，建立起立体化的触点，全方位触达目标消费者。

企业应建立自己的自媒体纵向矩阵和横向矩阵。

纵向矩阵指的是企业在某自媒体平台的纵向布局，企业可以根据消费者需求、产品定位等标准，以"一主多辅"或"多账号并进"的形式建立自媒体矩阵。比如企业可以在微信布局订阅号、社群、小程序等。

横向矩阵指的是企业在全媒体平台的布局，包括品牌官网、微信公众号、微博、今日头条和百家号等资讯类自媒体账号，以及在抖音、快手等短视频直播平台注册的账号等。

打造一个合理有序的企业自媒体矩阵应考虑以下四个因素。

（1）立足企业品牌定位

企业构建自媒体矩阵是为了更好地进行品牌营销，因此账号要立足于品牌定位，以此打造具备品牌属性的自媒体矩阵，提升企业品牌宣传能力。

（2）符合消费者的触媒习惯

不同品牌的消费者群体不同，科技品牌的消费者往往会在新闻客户端了解资讯，彩妆品牌的消费者更喜欢关注短视频、直播平台。了解目标消费者群体的触媒习惯，企业在建立自媒体矩阵时才能够抓住重点，明确重点发力的方向。

（3）分清必需品，明确功能点

自媒体平台众多，并不是所有的自媒体平台都能够实现品牌营销的效果，企业要清楚地知道建立自媒体的目的，挑选合适的平台，明确哪些平台能够实现品牌曝光、哪些平台可以用来引流。

（4）不求数量，以质取胜

建立自媒体矩阵时不能只追求自媒体的数量，而要保证自媒体的质量，建立起自媒体后就要用心经营好它，只有这样，自媒体才会发挥出品牌营销的作用。

同时为保证自媒体矩阵的一致性，更快更好地建立起自媒体的影响力，在建立每一个自媒体时，企业都应保证账号形象是一致的。以天猫为例，其微博账号、微信公众号和B站账号在形象上就十分一致。名称都为品牌名"天猫"，头像都为天猫的卡通形象，品牌形象高度一致，无论消费者在哪一平台上看到该账号，都会加深其对于天猫品牌的印象。

17.2 自媒体运营怎么做？

自媒体运营应怎么做？企业需要根据产品属性、消费者特征，并结合不同自媒体平台的调性，选择合适的自媒体平台进行运营，同时根据不同平台采取不同的内容形式和运营方法。

内容"种草"营销是一种十分有效的品牌营销方法，特别是对于美妆护肤品牌而言。比如护肤品牌HFP通过大量微信公众号投放成功建立了品牌。为什么HFP选择微信公众号作为品牌营销的主战场？因为HFP的产品主打成分护肤，需要对消费者进行引导教育，微信公众号对其而言就是很好的选择。HFP会在微信公众号上分享各种护肤成分的知识，同时用明星、科学实验、使用前后对比、权威机构的认证做背书，让消费者在了解知识的同时加深对品牌的认知和信任。

自媒体种类多种多样，不同自媒体的运营方法也不同，每种自媒体在运营上都具有独特性。

（1）抖音

在企业的自媒体矩阵中，抖音就像是一个魔术师，能够把产品的魅力用一种戏剧化的方法表现出来，从而让消费者为产品着迷。比如在抖音里搜"海底捞"，我们可以看到"海底捞网红吃法最强攻略""海底捞隐藏攻略"等，这都体现了海底捞的戏剧性。

海底捞不只是一个吃饭的地方，也是一个消费者可以发挥想象力，吃得开心、吃出花样的地方。将这些内容展现给消费者，才能吸引其前来消费。

再如小米手机的官方抖音账号，为了吸引消费者购买小米手机，其会给消费者展示用小米手机可以做什么。小米手机发起了"赖床拍照法""把世界拍慢点""超广角拍摄"等话题，宅在家里怎么拍写真，怎样用小米手机的慢动作模式拍出戏剧化效果，怎样用超广角模式拍出效果震撼的画面，这些都体现了内容的戏剧性。

很多品牌官方账号都会像抖音上的个人账号一样拍摄故事性质的视频，这其实是一个误区。因为个人号有一个人物形象承接粉丝，有清晰的人设作为线索统领所有视频，这点是官方号所不具备的。企业抖音号应充分思考产品在消费者的生活中扮演什么角色，有哪些戏剧化的应用场景，然后将其展现出来。

（2）微信

微信公众号是移动时代的品牌官网。在PC（个人计算机）时代，一个品牌需要有自己的官方网站来展示自身形象，没有官方网站的品牌难以赢得消费者的信任。而在移动时代，微信公众号承接的就是官网功能。企业需要通过微信公众号展示品牌形象、提供咨询和售后服务。

如何通过微信公众号展示品牌形象？仅单纯地强调产品好是没用的，企业必须立足于消费者的需求，分享与产品相关的知识或品牌故事。比如HFP的微信公众号就不会通篇强调产品有多好，而是和消费者分享护肤知识、化妆知识，在知识分享的过程中，也宣传了产品和品牌。

同时，微信不等于公众号，微信运营不等于写稿发稿，企业要把微信看作一个体系去经营。除了微信公众号以外，微信体系还包括个人号、微信群、小程序、企业微信等，其能形成一个庞大的自媒体矩阵，因此企业也要重视其他账号的运营。

（3）微博

和抖音、微信这两个平台相比，微博的新闻属性更强，更具公共媒体性质。因此微博平台应当担纲企业的官方发言人角色，针对企业的重大事件、新品发布、各种营销活动及时发声，并针对社会上的一些重要事件、热点及时跟进，发出自己的声音，表达自己的态度和立场。

同时，微博发布内容较讲究章法，不能毫无逻辑。以奥迪的官方微博为例，其发布微博通常都会保持"今日宜，××"这个固定模板，围绕着这个形式介绍产品和品牌活动，如图17-1所示。

图17-1 奥迪微博文案

同时，在这个格式的基础上，其还会与社会热点进行关联，比如"今日宜，向逆行者致敬""每日宜，勤洗手"等。这既规范了微博内容，又保持了品牌一贯的调性。

此外，运营微博一定注意发布的内容三观正确。比如某相机品牌曾发布过一条微博"女朋友再问你口红色号，就用镜头型号反将一军"，这条微博就引起了很多人的议论，不少人表示该文案涉及性别歧视，是对女摄影师的侮辱。这条微博也影响了消费者对于该品牌的印象。

（4）知乎

虽说知乎是一个内容分享平台，但如果只在平台上分享各种专业知识，难以吸引消费者关注。以奥迪的官方账号为例，其三个高赞回答分别出自"为什么说奥迪是灯厂？""无人机可以做哪些脑洞大开的事情？""用汽车发动机煎牛排这事靠谱吗？"，都是具有娱乐性和脑洞大开的问题，奥迪的官方账号并不是一本正经地科普汽车知识。

因此企业要想玩转知乎账号，就要结合产品相关的专业性，给消费者提供一些有趣的知识。

17.3 不是每一个热点都适合自媒体借用

在自媒体运营的过程中，借助时事热点进行内容创作能够吸引更多关注，这也是许多企业在运营自媒体时经常采用的策略。比如，每年的苹果发布会都是各大品牌关注的热点，自媒体也会借其热点进行品牌营销。

2018年9月，苹果发布了发布会的邀请函，如图17-2所示。

图17-2　苹果发布会邀请函

之后许多品牌都借这一热点发布了文案，如图17-3和图17-4所示。

奔驰的海报文案为"凌晨一点，眼睛睁亮点"，既与苹果半夜召开的发布会相关联，又宣传了自己的LED大灯。而天猫将邀请函中的图形与天猫的形象结合在了一起，同时表示"紧盯一点，不止围观"，既与苹果发布会联系在了一起，又向消费者暗示了上天猫买手机，十分巧妙。

图17-3　奔驰海报　　　　　　图17-4　天猫海报

借热点能够实现品牌更好的传播，但同时并不是所有的热点都能够被借用，在借热点时，企业需要避免以下误区。

（1）敏感类热点不要借

有一些热点虽然有较高的关注度，但是十分敏感，如政策新闻、社会焦点或一些三观不正的热点等，这些热点都是企业需要规避的。

（2）没有关联的热点不要借

在借热点时要考虑热点和品牌的关联性，与品牌同领域的热点是最好的选择。如果所借热点和品牌处于不同的领域，那么就需要找到品牌与热点的关联点，在此基础上进行品牌营销。如果热点与品牌关联不大，硬借热点进行营销则难以产出高质量的营销内容，这样的营销往往难以被消费者接受，也起不到有效的营销效果。

（3）过时的热点不要借

有时候，在合适的热点发生时，企业没有第一时间进行借势营销，而其他品牌的文案已经纷纷发布并引起巨大关注，这时的热点对于企业而言就已经过时了。过时的热点是需要规避的，虽然这时的热点还有较大关注度，但其他品牌的营销已经吸引了很多消费者的目光，这时再借热点进行营销也难以吸引关注。

借热点虽然能给品牌带来很多流量，但也要量力而行，不是所有的热点都是适合被借用的，企业必须要学会选择，选择与品牌关联度大的热点，或者找到一个品牌与热点的关联点，这样借热点进行品牌营销才是合理的。

17.4 内容营销不是每一个自媒体都能做得好

要想通过自媒体做好品牌营销，建立品牌的影响力，就要做好自媒体的内容，单纯宣传品牌的广告是无法吸引消费者的关注的。只有好的内容才能打动人心。那么如何才能够做好内容营销？

（1）专注内容领域

企业在进行内容营销时，一定要专注于某一个领域并不断深耕，即使难以让品牌成为这个领域的第一，也要成为这一领域的代表。比如一提起"文艺小青年"，许多人就会想到江小白，这就体现了长久深耕一个内容领域的力量。

（2）内容质量优质

自媒体输出的内容一定要保证质量，优质的内容才能够更具竞争力，更能吸引消费者关注。比如完美日记就借助小红书、抖音等自媒体平台，发布"种草"内容并分享化妆方面的知识，实用性的内容吸引了许多消费者的关注。同时，在进行内容营销时，企业发布内容的频率不用太高，但要保证内容质量的稳定性，以便实现消费者的留存和转化。

（3）打造品牌IP

内容营销需要日积月累的一个过程，因此在进行内容营销时，要让内容营销的成果成为一种可积累的、可以形成品牌IP的资产。通过优质内容打造品牌IP，能够加深消费者对于品牌的认知，并不断深化品牌形象。

这需要企业围绕品牌输出各种优质内容，以丰富品牌内涵、传达品牌理念并提升品牌美誉度，最终增加消费者对品牌的认知。当下，许多品牌都在打造品牌IP方面做出了实践，通过制作短视频、微电影、小游戏等，以情景化、视觉化的形式传递抽象的品牌理念，从而创造出全新的内容营销。

（4）借助内容营销，构建品牌社群

不论内容营销的形式如何，其重点都是实现品牌与消费者的沟通，因此通过内容营销构建品牌社群是十分有必要的。社群能够使品牌与消费者形成持续而稳定的关系，能够聚集大量的消费者数据，为品牌营销决策提供参考。同时，除了企业自媒体外，消费者也是内容创作和品牌营销的主力军，企业可在社群中推出与品牌相关的话题引发消费者讨论并创作，以丰富品牌营销的内容。

（5）以内容融入消费者的生活

好的内容营销并非只是为了实现更好的转化，还要通过润物细无声的方式逐渐渗透进消费者的生活。企业在进行品牌营销时要注重品牌价值观与文化的传递，当消费者认同这种价值观或文化后，其就会成为品牌的代言人，愿意自发地宣传品牌，这时的品牌就会走上发展的高速公路。

第18章

营销关系的六要素

在进行品牌营销时，企业需要维护好品牌与消费者之间的营销关系。营销关系包括六个要素，分别是情绪、情感、表达和接收、利益、认知高度差异和惰性巧合，企业可通过这六个要素进行品牌营销。

18.1 情绪

传统的营销强调产品的性能和卖点，消费者也十分重视产品的品质和功能，但随着消费的升级，各类产品的性能趋于完善，高品质的产品越来越多，产品想要凭借高品质脱颖而出变得越来越困难。为了吸引消费者，在保证产品品质的前提下，企业还需要通过其他因素改善营销策略，而情绪就是很好的选择。

消费行为学理论认为，情绪对消费者的购买行为有直接的影响作用。通常情况下，消费者的购买决策过程包括识别需要、搜集信息、评价备选项、选择购买和购后评价，而这一系列过程都会受到情绪的影响。在识别需求过程中，消费者更关注影响自己感情、情绪的信息；在搜集信息的过程中，消费者更关注产品的知名度、信誉度等信息；在评价备选项和选择购买的过程中，情感和情绪是主要的评价和决策标准；购后评价的标准也是产品是否符合消费者情感上的期待。

消费者在购买过程中会受到情绪的影响。当消费者存在负面情绪时，其对品牌的认知会十分悲观，难以做出购买决策。而当消费者的情绪是正面的，就会依赖对品牌的情感、直觉和想象做出决策。正面的情绪会使得消费者在选择产品时更积极、更深入地搜索产品相关信息，并基于此做出购买决策。因此，企业应该重点关注消费者的情绪因素，分析消费者的情绪状态，并对此进行相应的引导。

消费者基本的情绪包括快乐、悲伤、恐惧和愤怒等，不同的情绪会引导消费者做出不同的决策。企业也可以利用这些不同的情绪引导消费者。企业的情绪营销方法大致可以分为两类：第一类是促使消费者向往积极的情绪，如高兴、自信等；第二类是让消费者回避消极的情绪，如悲伤、愤怒、恐惧等。

首先，企业可以将品牌和一些让人感到愉快的、积极正面的事情结合起来，时间久了，消费者就会对此形成思维惯性，将正面情绪转移到品牌上来，这就是情感调节的作用。比如，可口可乐曾推出过《把"乐"带回家》系列短视频，通过长久的宣传将可口可乐与"乐"这种情绪结合在了一起，这使得许多消费者都会购买可口可乐来庆祝节日。企业能够带给消费者积极向上的情绪，有利于消费者形成品牌偏好。

其次，企业可以唤起消费者的消极情绪，同时为消费者提出解决办法。比如生鲜品牌就可以通过描述无法获取新鲜食材的场景，让消费者对此产生消极情绪，同时为消费者指明道路：如果想要获取新鲜的食材，我们的品牌可以为您提供优质服务，从而使消费者产生购买欲。

成功的情绪营销分为三步，第一步是挖掘和发现消费者的情绪，第二步是对消费者的情感进行总结和梳理，第三步就是引爆情绪点，点燃消费者的情绪之火。那么，我们应如何针对不同的情绪做好情绪营销、点燃情绪之火呢？

① 找到情绪发力点：即寻找当前消费者的痛点，以此为核心发力。寻找的这个痛点应该符合当前市场上大多数人的情绪需求，并与现状形成反差，刺激消费者的情绪。

② 产品和情绪紧密结合：找到了一个很好的情绪切入点之后，就要想办法将产品和这个情绪结合起来。比如，华味亨果干系列推出了"果的小情绪"系列果干，不同的果干搭配了表达不同情绪的文案，将女孩子多变的情绪表现得淋漓尽致，如图18-1所示。

图18-1　"果的小情绪"系列果干

③ 让情绪更加具体：找到的情绪点不能太大、太空泛，要具体、切合实际，结合情景总结提炼出消费者的情绪特征。这也是情绪营销里最关键的一步。

企业在进行情绪营销时，一定要学会换位思考，站在消费者的立场上挖掘消费者的情绪，并对此进行加工、总结和引爆。同时企业也要重视消费者的情绪和体验，用真诚的情感关怀消费者，绝不能欺骗消费者，制造虚假卖点，否则不仅会给消费者带来不快，更可能将品牌形象拉入被消费者排斥的深渊。

18.2 情感

情感是消费者与品牌之间连接的关键，因此企业需要借助情感建立品牌与消费者之间的联系。讲故事是表达情感的好方法，一个有情怀的故事能够使品牌变得更加令人难忘，能够使品牌与消费者的关系维系得更长久。

很多品牌都根据品牌定位向消费者讲述品牌故事，与消费者建立情感连接，让消费者产生情感共鸣，进而让消费者喜爱品牌，成为品牌的粉丝。比如，干果类零食品牌三只松鼠就通过三只可爱的松鼠讲述品牌故事，登录三只松鼠官网我们可以看到这样一段话："我们是来自松鼠星球的三只松鼠，小贱，小美，小酷，是主人心中的萌宠天团。我们全心全意为主人提供新鲜、健康、具性价比的美食，坚信美食的治愈力量。我们追求极致的用户体验，把顾客当作主人，让主人爽是我们的职责和能力。我们陪伴在主人身边，传播爱与快乐、萌即正能量，为主人创造独特的松鼠世界。发现生活中最单纯的幸福感。"

同时，三只松鼠也十分注意细节，比如其在与消费者沟通时会借用松鼠形象，称呼消费者为"主人"，如图18-2所示。

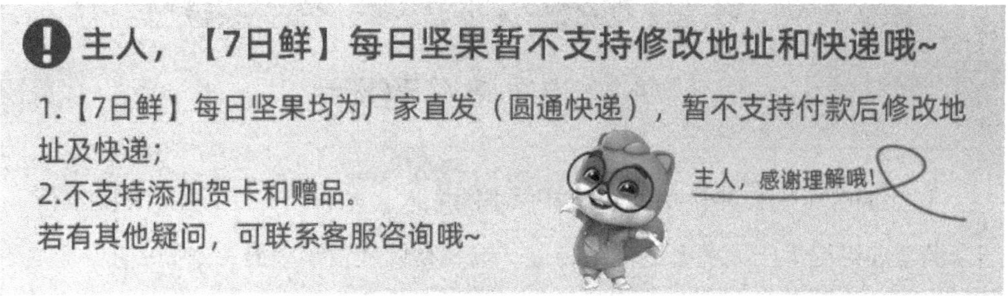

主人，【7日鲜】每日坚果暂不支持修改地址和快递哦~

1.【7日鲜】每日坚果均为厂家直发（圆通快递），暂不支持付款后修改地址及快递；
2.不支持添加贺卡和赠品。
若有其他疑问，可联系客服咨询哦~

主人，感谢理解哦！

图18-2　三只松鼠的沟通细节

这样的细节设计能够将消费者带入三只松鼠的品牌故事中。对于消费者而言，三只松鼠不只是一个品牌名，还能够让消费者感受到生动形象的品牌形象，使其对品牌产生一种发自内心的喜爱。

除了建立品牌形象外，情感在营销实践中也具有重要作用。通过情感营销让消费者感受到好奇、恐惧或引发消费者的情感共鸣等，能够激发消费者的购买行为。

（1）好奇心

通过品牌营销引发消费者对于品牌的好奇心能够提高消费者对于品牌的关注度。比如苹果在吸引消费者的好奇心方面就做得十分出色，在产品发布之前，从产品研发到产品制造，每一个环节都非常神秘，只有在产品发布会上才会详细地介绍产品。同时，在每次召开新品发布会之前，苹果都会发布悬念十足的邀请函，这同样能够引起消费者对于产品的好奇心。

（2）占有欲

占有欲是一种能够激发消费者购买欲的情感，也是许多品牌进行营销的重点。比如Darry Ring钻戒品牌坚持一名男士一生只能定制一枚该品牌的戒指，寓意"一生，唯一，真爱"。"一生只能定制一枚"的卖点激发了女士们对爱人的占有欲，其对女性的情感把控是非常到位的。

（3）恐惧感

激发消费者的恐惧感能够刺激消费者的购物需求，比如，在每年"双11"时，许多品牌都会开展限时或限量促销活动，让消费者感到一种"如果错过就要再等一年"的恐惧感，以此刺激消费者快速购买产品。

（4）引发共鸣

一些品牌会通过情感营销引发消费者的共鸣，以此联络消费者的情感。比如，江小白就通过极具情感色彩的文案引发消费者的共鸣，使消费者把其产品作为自己情感的寄托，而面向消费者征集文案也提高了消费者的参与感，拉近了品牌与消费者的距离。

情感营销在品牌营销中的作用不可忽视，其能够加深品牌与消费者之间的联系，培养消费者品牌忠诚度，推动品牌的长远发展。

18.3 表达和接收

表达和接收也是营销关系的要素之一，即企业在进行品牌营销时，要思考品牌营销的表达方式是否合理，是否利于消费者接收。怎样的表达更利于消费者接收？企业需要注意以下几个方面。

（1）表达要真诚

在进行品牌营销时，营销语言必须体现出真实的情感和诚恳的态度。比如，某年母亲节期间，中兴晒出了其母亲节文案"与你相连，从未断线"，如图18-3所示。该文案诠释了"慈母手中线，游子身上衣"的慈母情怀，同时也与产品进行了创意融合。

一些品牌也会借节日之际开展促销活动，如"为迎接即将到来的母亲节，本品牌将开展为期三天的促销活动，活动期间全部产品八折优惠，同时赠送精美贺卡一张"，这样的促销活动也能够让消费者感受到品牌的真诚。

表达要真诚的核心要求就是营销内容必须真实，一些品牌在促销时往往会打出"最后一天，挥泪大甩卖""拆迁大清仓"等标语来招揽顾

图18-3　中兴母亲节文案

客，但事实却是永远也到不了"最后一天"，天天喊拆迁也不见拆迁。这种看起来真诚实则虚假的营销活动不仅不能够打动消费者，还会引起消费者的反感。

（2）表达要慎重

表达要慎重即企业在进行品牌营销前要做好活动策划，明确活动的支出是否在可承受范围内，明确活动是否能够达到预期的结果，一旦做出某种品牌承诺，就要坚定地坚持到底。如果表达不慎重、不坚持品牌承诺，就会极大地影响品牌形象。比如，某品牌为吸引消费者关注，在"双11"前夕打出了"某明星产品满两件七折"的促销口号，但随后发现，两件七折的折扣力度过大，导致产品盈利过低，因此在"双11"当天又规定该产品限购一件，该操作使得消费者议论纷纷，对该品牌的好感也大大降低了。

（3）表达要通俗

通俗指表达的大众化，使消费者能够清晰地理解营销内容。比如：海澜之家的宣传语为"海澜之家，男人的衣柜"，用简洁的语言表明了海澜之家是销售男装的品牌；舒肤佳的宣传语"舒肤佳，有效除菌护全家"，表明了其"除菌"的

主要功效；王老吉的宣传语"怕上火，喝王老吉"，用简洁的语言提出了一个问题并给出了问题的解决方案，为消费者提供了一个购买的理由。这些品牌的宣传语十分通俗，能够在更多的消费者心中留下印象。

（4）表达要生动

表达要生动即在进行品牌营销时要生动、有趣地表达出品牌所传递的思想、产品功效等。比如旁氏在宣传其抗菌洗面奶时曾推出过一则广告，如图18-4所示。在该广告图中，一个人正在放大的毛孔中进行着清洁工作，生动形象地表达了旁氏洗面奶清洁、抗菌的功效，能够使消费者留下深刻印象。

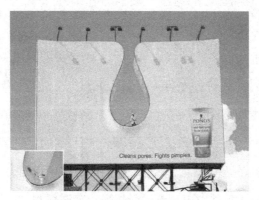

图18-4　旁氏抗菌洗面奶广告

（5）表达要简洁

在进行品牌营销时要尽量简洁，即用简单明了的语言把尽可能多的信息传递给消费者。比如：知乎的宣传语为"有问题，上知乎"，用简洁的语言表明了知乎的使用场景；蒙牛的宣传语为"每天一斤奶，强壮中国人"，用简洁的语言表明了蒙牛的品牌使命。

企业在进行品牌营销时，营销表达需要真诚、慎重、通俗、生动、简洁，这样才有利于消费者对于品牌的接受，加深消费者对于品牌的认知。同时，在遵循以上原则的基础上，品牌营销必须紧扣品牌主题，表达出品牌的定位、使命、应用场景、产品功效等，这样的品牌营销才是有效的。

18.4 利益

利益是营销关系的要素，在进行品牌营销时，我们需要将产品的特点与消费者的利益相结合进行描述。产品的特点即产品的特质，是一种客观的描述，如"这款笔记本电脑的重量为0.5公斤"，而消费者的利益描述则是表明消费者能够从产品中获得的好处，是一种主观描述，如"这款笔记本电脑十分轻便，便于携带"，这样的描述更能激发消费者的购买欲望。

以一款低脂牛奶为例，其特点为低脂肪，这样描述难以吸引消费者目光，而如果将其特点表述为消费者的利益"该牛奶可补充营养，同时使消费者保持苗条"，则能够引发消费者对产品的兴趣。

消费者往往并不关心产品的特点是什么，而会关心自己的利益，只有当产品能够为其带来利益时，消费者才会关注产品。因此在进行品牌营销时，除了介绍产品的特点外，还要详细阐述消费者的利益，表明产品能够为消费者带来的好的改变或能够解决的问题等，同时在阐述消费者的利益时，还要与消费者的目标相联系，让消费者相信产品能够满足其需求，帮助其实现目标。

同时，在以消费者利益为出发点进行品牌营销时需要掌握以下技巧。

首先，要明确消费者的需求，只有了解了消费者的需求才能够有针对性地进行产品描述。比如，脑白金曾有一句宣传语为"年轻态、健康品"，表示产品能够调节睡眠、改善肠道，这种功能性的营销并不能很好地满足消费者的购物需求，对于消费者而言，要想帮助父母改善睡眠、调节肠道，还有很多其他的选择，如为父母送其他保健药品或睡眠枕头等。同时脑白金还有一句更加经典的广告语"今年过节不收礼，收礼还收脑白金"，这句广告不提产品功能，却为消费者提供了一个购买产品的场景——当节日想为父母送孝心时，可以送父母脑白金。这种描述为消费者过节送礼提供了一个解决方案，能够为消费者带来利益，也更能够满足消费者的需求。

其次，抓住消费者的核心利益，有针对性地进行品牌营销。一款产品可能能够带给消费者多方面的利益，但在品牌营销时不应同时介绍产品的多个方面，而要找到消费者最关注的利益点，以此为核心进行营销。以一款保温杯为例，"保温性强""杯子小巧便于携带"等都是其优势，但"保温性强"显然比"杯子小巧便于携带"更符合消费者的利益，也是消费者最为关注的地方，因此，以"保温性强"为出发点进行品牌营销更能吸引消费者的关注。

最后，在表达产品能够为消费者带来的利益时，为了增强消费者的信任度，需要展示出产品的权威背书。比如君乐宝奶粉的宣传语为"欧盟双认证，中国好奶粉"，其中"欧盟双认证"即君乐宝奶粉获得了食品安全全球标准BRC和国际食品安全标准IFS双重认证，也是我国首家获得BRC、IFS欧盟双认证的奶粉品牌。在品牌营销中加入这样的权威背书，消费者对于品牌和产品的信任度就会大大提高。

18.5 认知高度差异

消费者对于品牌的认知有高有低，对于同一个品牌，有些消费者只会认识到其产品的设计十分精美，有些消费者却能够认识到其产品的优越性能、强劲功能等。消费者的认知并不相同，但为什么消费者对某些品牌的认知还是会大体保持一致呢？比如，在很多消费者的认知里，格力的空调质量很好，出现这一状况的原因就是因为格力用"好空调，格力造"这一简洁、通俗的宣传语占据了大部分消费者的认知。为了在更多的消费者的心智中建立认知，品牌营销需简洁、通俗，能够为大多数消费者所理解。

消费者的认知对于品牌来说十分重要，其决定了品牌在消费者心中的形象，并影响消费者的行为。矿泉水可以成为人们身份的象征——百岁山"水中贵族"；金刚石可以成为人们爱情的见证——戴比尔斯"钻石恒久远，一颗永流传"。这些都是通过品牌营销在消费者心智中建立认知的结果。

在消费者心智中占据一个有利的位置能够使品牌影响更多人的认知。很多品牌都在抢占消费者的心智。比如：王老吉抢占"预防上火"这一位置，瓜子二手车抢占"没有中间商赚差价"这一位置，沃尔沃抢占"安全"这一位置。要想获得消费者的关注并促进产品销售，就需要在消费者心智中建立一个有利于产品销售的认知。

比如：飞鹤奶粉以"更适合中国宝宝体质的奶粉"在消费者心智中建立了认知，那么我国的一些消费者就会有可能选择飞鹤奶粉；海飞丝在消费者心智中建立了"去屑实力派"的认知，那么有去屑需求的消费者就可能会选择海飞丝。

这些认知是如何建立起来的？要想在消费者心智中建立认知，就要不断地向消费者发送信息。品牌发送出来的信息与消费者的原有认知有三种关系：与消费者原有认知一致，与消费者原有认知不一致，与消费者原有认知冲突。

（1）与消费者原有认知一致

品牌发送出来的信息与消费者原有认知一致指的是品牌的营销顺应了消费者的认知，在这种情况下，品牌也会较为容易地占据消费者的心智。比如六个核桃在消费者的心智中建立"经常用脑，多喝六个核桃"的认知就较为容易，因为在消费者的原有认知中，吃核桃可以补脑，而六个核桃是核桃乳，自然也可以补脑。

同时在产品推广的过程中，将产品与消费者的普遍认知结合起来能够加深消费者对于产品的认知。比如想表示笔记本电脑的轻和薄，即使给出明确的数字，也难以让消费者感知。在消费者的原有认知中，什么东西是轻薄且易携带的？杂志就是其中的一种，于是小米用"像一本杂志般携带"来描述其笔记本电脑，更便于消费者理解和建立认知，如图18-5所示。

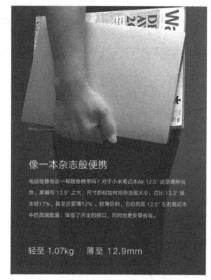

图18-5 小米笔记本电脑的宣传广告

（2）与消费者原有认知不一致

品牌发送出来的信息与消费者原有认知不一致指品牌想要建立的认知与消费者的原有认知没有关联或关联不大，即品牌需要在消费者心智中建立一个新的认知。在这种情况下，品牌占据消费者的心智难度也会较大。同时在品牌营销的过程中，消费者喜欢新鲜感，对没看见过的广告会有一种好奇的心理。比如江小白瓶身上面的文案是很多消费者购买产品的理由之一，这与之前消费者没有见过这样的产品有很大关系。

（3）与消费者原有认知冲突

品牌发送出来的信息与消费者原有认知形成了冲突指的是品牌需要改变消费者的原有认知，然后再建立一个新的认知。在这种情况下，品牌占据消费者的心智难度也更大。在品牌营销方面，颠覆了人们认知的宣传活动更能吸引消费者的注意力。比如，网易严选曾推出了一个"还是别看这个广告了"的宣传广告，如图18-6所示。

图18-6　网易严选宣传广告

该宣传广告吸引了许多消费者的目光，原因就在于其颠覆了消费者的原有认知。在消费者的原有认知中，品牌会想方设法吸引大家的注意力，营销内容也都是产品介绍或品牌信息，而这则广告却和其他广告不一样，其宣传的内容是要大家别看这个广告了。这种与消费者原有认知存在冲突的营销方式也是可行的。

由于消费者存在认知高度差异，因此不论选择怎样的方式在消费者心智中建立品牌认知，都要保证营销内容通俗易懂，能够被大多数消费者所理解，这样才能够使品牌在大多数消费者心智中建立起一个统一的认知。同时，品牌传递出的所有信息，都应在消费者心智中建立同一种认知，这样经过日积月累的宣传，消费者对于品牌的认知才会越来越清晰。

18.6 惰性巧合

为什么一些消费者总是会购买一个品牌、一款产品？为什么一些消费者总在每个月初而不是其他时间段购买产品？这些都与消费者的惰性心理有关，在购物的过程中，一些消费者一旦习惯了使用某种产品，就不会再尝试其他品牌的其他产品，一旦习惯了在某一时间段购买产品，也不会轻易改变这一习惯。

许多消费者都会存在惰性心理，为了使品牌营销更为有效，我们应利用这一心理进行营销。惰性心理分为三种类型，应采取的营销手段也不一样。

（1）主观型惰性心理

主观型惰性心理即从主观上认准一件事物的惰性心理。比如一个人认准了某一品牌，对其他同类品牌都不感兴趣。这一方面反映了其品牌忠诚度很高，另一方面也反映其不愿花费多余的时间和精力去分析其他品牌。针对这种心理，企业应不断地向消费者传递品牌文化内涵，开展各种线上线下活动，为消费者提供多样的优惠和优质服务，培养消费者的品牌忠诚度。

（2）条件反射型惰性心理

外部刺激能够影响消费者的购物行为，比如一个人要在淘宝上买一件衣服，当其不知如何选择时，出现在搜索前列的产品就很容易成为其关注的目标。再如当消费者想要选购一款产品但是面对眼花缭乱的同类产品不知所措时，平台往往会向其推荐各种高人气、高质量的产品，这种外界引导能够激发消费者的惰性心理，使其在引导下产生购买行为。淘宝上的许多品牌都会向关注品牌的消费者推送产品上新、活动折扣等信息，利用的就是消费者的这种惰性心理，在消费者没有明确购买目标的情况下，这种引导式的推送能够在很大程度上促成消费者消费。

（3）潜意识型惰性心理

潜意识指的是在人们心理活动中，不能认知、没有确定结果的一种想法。比如一款即将上市的新产品的价格比市场中的同类产品的价格要高，但却在上市前一个月的试销售中实现较高的销量。原因就在于在产品上市前，企业进行了高强度的品牌营销，进行了大量的市场预热，使消费者在潜意识里对产品产生了信任。企业根据这种潜意识型惰性心理，为消费者灌输一种购买思维，让其潜意识地选择这种产品。

能够迎合消费者惰性心理的营销手段往往能够发挥出更好的营销效果，在具体操作上，由于不同企业的营销侧重点、产品定位、目标消费者等不尽相同，企业的营销策略也千差万别。但不变的一点是，企业应根据产品特点和目标消费者的需求，有针对性地制定相关营销策略。

第19章

品牌营销人需要明白的六个道理

 19.1 感知：认知大于事实

　　品牌营销人要明白的第一个道理就是认知大于事实。品牌宣传、会议营销、线下销售等，只要是很理性的、摆事实讲道理的，都不会有很好的效果，为什么会这样？

　　首先，人们的决策模式永远都是情感先于理性。对于"什么叫作生意"有一个精辟的论述，即做生意就是"把自己的思想装进别人的脑袋，把别人的钱装进自己的口袋"。但事实是，即使这个思想是真理，很多情况下也很难装进别人的脑袋。因为许多人都是追求简单的，接受一种新思想对其而言十分困难，相比于思考，人们更愿意"感知"。

　　因此，品牌营销人在进行品牌营销时，重点不是你对品牌的认知，而是消费者对于品牌的认知。同时，相对于理性地思考品牌的事实，消费者更愿意通过"感知"来认知品牌。消费者对于品牌的认知往往比品牌是什么这个事实更重要。

　　其次，感知不一定等于事实。特技演员柯受良曾驾驶汽车飞越黄河壶口瀑布，成为我国飞越黄河的第一人。之后，朱朝辉驾驶摩托车飞跃黄河壶口瀑布，成为我国驾驶摩托车飞跃黄河的第一人。在这两个故事里，我们记住的是"飞跃黄河"四个字，由黄河的宽广、浩荡所产生的联想使我们认为"飞跃黄河"是多么辉煌的壮举，做到这一点该有多么的难。这就是我们的感知——在感知里面，每个人都会加入自己的想象。但事实上，这两个新闻都提到了一个重要信息"飞越黄河壶口瀑布"。壶口瀑布是位于黄河中游的一个天然瀑布，300余米宽的洪流被地势所束缚，宽度变成50米，故名"壶口瀑布"。

　　这两个故事都是关于"飞跃黄河"的认知和飞跃黄河宽度最窄的"壶口瀑

布"的事实之间的精彩策划。在感知和事实之间，数据更能够反映出真实的本质，但大多数人的决策行为主要还是来自感知。

最后，认知能够影响消费者的决策。比如，当消费者选择产品时，相对于其他从未听过的品牌，其往往会选择有一定认知的品牌。在进行品牌营销时，我们要不断扩大品牌传播的广度和深度，同时树立品牌权威，如展示权威机构认证、"大咖"背书、明星代言等，扩大品牌的影响力，使品牌能够在更多消费者的心智中建立认知并影响其购买决策。

19.2 少就是多

很多品牌营销成功的原因是遵循了"少就是多"这一原则。"少就是多"指的是品牌表达的内容要专一，这能够使品牌在更多消费者的心智中建立认知，达到更好的营销效果。

以山东蓝翔学院为例，其广告语"学挖掘机哪家强，中国山东找蓝翔"为广大消费者所熟知。从品牌营销的角度来看，该营销就遵循了"少就是多"的原则，只表达了一个内容：学挖掘机就到蓝翔。该营销把品牌与"挖掘机"这一标签牢牢绑在了一起。虽然蓝翔只以"挖掘机"作为营销的重点，看起来很少，但当人们提起和挖掘机有关的话题时，总会想到蓝翔，从这一方面来说，蓝翔抓住了更多人，在更多人的心智中建立了认知。

品牌营销内容少而专一，并且长期以这一内容为核心进行品牌营销，往往能够更快更好地建立品牌并推动品牌发展。

除了蓝翔外，其他一些品牌也遵循了这一原则，比如海飞丝抓住的标签是"去屑"，王老吉抓住的标签是"去火气"。这些品牌营销的成功都离不开其差异化的定位，选定一个差异化定位，聚焦于一点进行营销，能够产生更好的品牌营销效果。

当前移动互联网快速发展，品牌营销的渠道和方式多种多样，很多品牌在营销的过程中往往十分重视营销渠道和方法的选择，而忽视了营销的焦点，最后的结果往往是在品牌营销方面投入了大量的资金，但却收效甚微，没有在消费者的心智中建立明确的认知。只有确定品牌营销的焦点，并以焦点为核心持续发力，才会使品牌营销更有成效。

19.3 品牌必须年轻化

在当下的市场中，年轻人成为消费的主力军，品牌的年轻化也势在必行。在建立品牌、发展品牌的过程中，我们不能坚持"经验主义"，而要分析新消费市场的特点，使品牌营销符合年轻人的消费需求。

打造年轻化的品牌不只是打造更符合年轻人审美的品牌形象，这样的品牌营销无疑是流于表面的。许多品牌失败的原因就在于其流于表面的年轻化，如将品牌Logo设计得时尚亮眼、将产品包装设计得新潮炫酷，或利用二次元、段子等流行文化作为营销卖点，这种流于表面的营销难以吸引年轻人的目光。

19.3.1 年轻人的需求

我们需要透过年轻人不同的喜好，分析其有哪些共同特点，有哪些真实需求。

（1）追求个性和新鲜感

在物质丰富、消费升级的时代，衣食无忧的年轻人对于生活有了更多新要求，个性与新鲜感成为了他们的新追求。他们乐于尝试一些小众、新奇的产品，而这种追求，更多地体现在产品本身而不是产品的包装设计。比如很多爱美的女生会大量购买来自希腊、波兰等国家生产的小众美妆产品。敢于尝试、敢于探索是年轻人消费的一大趋势。

（2）独立、时尚又多元

当代年轻人爱好广泛、兴趣更为多元，在追求时尚的同时也乐于创造流行文化。一个白天沉默寡言的上班族，到了晚上可能就会变为摇滚乐队的主唱；一个热爱古典文学的文艺青年，也许是一个二次元爱好者。当代年轻人的思想更为独立，其想法和喜好也更加多元。

（3）更加关注自我

在成为消费主力的同时，年轻人也成了社会经济的支柱，在巨大的压力下，年轻人更加关注自我，更注重找寻"治愈"自我的方式。当前游戏市场的扩大、短视频的兴起、萌宠内容的火热等都体现了年轻人的需求。

19.3.2　品牌年轻化应做好的方面

个性鲜明又复杂的年轻人并不能通过几个标签就可以完整地描述，同时品牌要想受到年轻人的追捧，也不能单纯地根据几个标签来打造品牌，而要让品牌真正符合年轻人的需求。这需要我们做好以下几个方面。

（1）由内及外，传达年轻化品牌内涵

我们需要重视品牌的内涵，面向年轻人传递年轻化的品牌内涵。元气森林是一个深受年轻人喜爱的品牌，品牌特点就是年轻、有活力。在进行品牌营销时，其会结合年轻消费群体的喜好，传播与年轻消费群体契合的精神内涵。其品牌营销的内容能够体现积极向上的品牌内涵，如图19-1所示。

图19-1　元气森林微博内容

同时，元气森林冠名了多档综艺节目，通过赞助节目拉近与消费者的距离，寻找与消费者之间的情感共鸣。而通过综艺节目的热播，元气森林也向更多的消费者传递了其品牌内涵。

（2）赋予品牌人格化特征

年轻人不喜欢标签，他们追求个性，喜欢具有人格魅力的事物，给品牌立一个"人设"，让其具有人格化的特征能够更加吸引年轻人的目光。

江小白的品牌形象就是一个戴着眼镜与围巾的职场年轻人，这一形象与其目标消费者的形象十分吻合。同时，为了强化品牌的人格化特征，江小白与两点十分动漫联手推出动画《我是江小白》。该动画通过一个个贴近日常生活的故事，成功打造了一个职场年轻人形象。

（3）触碰心灵，让年轻人产生共鸣

在品牌营销的过程中，从情感层面入手让年轻消费群体感受到品牌的贴心，能够提升其对品牌的好感，使其对品牌产生情感上的依赖。比如江小白的文案就是以文字来唤起年轻人的情绪，使其与品牌产生共鸣。

除了品牌营销手段需要符合年轻人的需求外，作为品牌的根本支撑，产品也要能够满足年轻人的需求。以元气森林为例，其"0糖0脂0卡"的产品更符合年轻人的需求。

年轻人在喝饮料时总会担心自己会变胖，而元气森林系列饮品解决了困扰年轻人的这一问题，满足了其对健康的需求。元气森林的产品研发团队找到了一种既有甜味口感，又没有太多热量的代糖物质——赤藓糖醇，这种代糖没有像传统无糖饮品中添加的"阿斯巴甜"那样存在口感和健康上的争议，真正做到了无糖和健康。

总之，在年轻消费群体成为市场中消费主力的当下，我们必须打造年轻化的品牌。在进行品牌营销时，除了在营销手段方面更加符合年轻人的需求外，更重要的是推出符合年轻人需求的产品，在产品和营销活动两方面同时发力，使品牌抓住更多年轻人的目光。

19.4 品牌营销不可一蹴而就

市场中经常会出现这样一种情况，某个品牌在某一段时间突然大火，但却很快消失不见，并没有真正建立起来。出现这种情况的原因并不难理解，品牌营销不可一蹴而就，没有长期的品牌营销规划，再好的品牌也会夭折在摇篮中。

在品牌营销的过程中加大资金、人力等的投入的确会加快品牌建立与成长的速度，但整体而言，打造深入人心的好品牌离不开时间的投入。

首先，品牌以产品为根基，而产品的升级优化是需要一个周期的，如果在短时间内通过大量的品牌营销建立品牌，那么不完善的产品难以为品牌的发展建立稳固的根基，没有稳固根基的品牌自然也不会长久。同时，如果在品牌营销方面投入大量的资金和人力，则会使得产品研发、优化方面的投入大大减少，这对于品牌营销工作而言无疑是本末倒置的。

其次，一个品牌发展太快，意味着各种品牌营销活动的策划和执行十分迅速，而快速决策可能会导致决策出现失误。同时，在发展速度较快的情况下，任何一个小失误都有可能在后期被无限放大。充满发展风险的品牌难以抵御发展过程中的各种危机，极易坍塌。

再次，要想在消费者心中建立一个良好的品牌形象，必须要花费足够的时间不断地向消费者传递品牌信息，短时间内无法建立强势品牌。消费者对于品牌的认知需要一个由浅及深的过程，如果在某一时间段进行大量的品牌营销，将大量的信息传递给消费者，则可能会引起消费者的反感。同时，品牌在建立起后还需要长久的维护，如果维护不力也会使品牌逐渐衰落，因此品牌营销是一件长久的事情。

最后，在进行品牌营销时，不仅要重视品牌的宣传，还要重视渠道的维护、服务质量的提升等，而这些工作都需要长久的努力。品牌营销不是单一的工作，涉及产品、渠道、服务等多个方面，将各方面的工作做好，品牌营销才更加有效。

19.5 好的产品自己会说话

在进行品牌营销时必须关注产品，好的产品自己会说话，能够实现自我推销。这需要我们将产品打造成一种媒介，使产品传递出具有传播性的信息，可以进行自我宣传。这种自身带有传播性信息的产品需要满足四个前提，分别是提供谈资、实现自我表达、拉近距离、展示形象。

（1）提供谈资

很多时候传播都是在人们交谈的过程中完成的，人们之间的交谈可以实现信息有效地一对一或一对多的传播。交谈的关键因素就是谈资，即一个能够引起讨论的话题，这种话题要足够有吸引力，能引起人们的好奇心，从而让人主动传播。

如果产品的某一方面能成为这样的话题，就能起到自我推销的作用。比如，"你知道吗？小米出了一款双面屏手机"或者"你知道吗？卫龙辣条居然开了个旗舰店，装修得和苹果体验店一样"。这些话题足够新奇，能够在人们的脑海中形成深刻的印象，从而让其记住这些产品。

（2）实现自我表达

消费者希望产品能体现出自己的个性，实现自我表达。如果产品能够代表某一类人的特质或引领某一种潮流，就能起到自我推销的作用。比如，三元牛奶与故宫联合打造的"宫藏·醇享"系列纯牛奶，将掐丝珐琅工艺和百宝镶嵌工艺表现在产品包装上，通过国风创意包装紧跟大热的国风潮流，帮助喜欢国风的消费者实现了自我表达。

（3）拉近距离

消费者都会存在社交需求，如果产品具有社交属性，能够拉近人与人之间的距离，那么它就能实现自我传播。比如，王老吉切入火锅聚餐场景，金六福切入喜宴场景，而江小白切入年轻人的小聚和公司团建的场景等。切入消费者的社交场景、拉近人与人之间的距离是这些品牌能够成功建立并发展的重要原因。

（4）展示形象

消费者有不同的性格、价值观和兴趣爱好，这些都是他们的特征。如果产品能够符合消费者的这些形象特征，如热爱阅读、喜欢宠物、热爱运动等，就可以实现自我传播。

Kindle是亚马逊生产的系列电子书阅读器，其采用电子墨水屏技术，还原纸书阅读体验。屏幕在阳光下也无反光干扰，而且机身设计纤薄轻巧，方便单手持握。Kindle的出现无疑是阅读爱好者的福音，它既拥有纸书的阅读体验，还克服了纸书重量大、不易携带等缺点，更不像其他电子产品一样长时间使用会损伤视力。而且Kindle里有海量电子书可供选择，历史、文学、经管等各类题材的电子书应有尽有。Kindle的单一功能将其用户限定为了"爱读书"的人，用户能够通过Kindle展示出读书爱好者这一形象。

19.6 消费者也是品牌传播者

消费者不仅是产品的使用者，也是品牌的传播者，要想使消费者自愿成为品牌的传播者，就需要塑造好品牌的口碑。如何塑造品牌的口碑？我们需要做好以下几个方面。

（1）从消费者的角度出发设计营销内容

如果我们能够通过各种营销活动激发消费者传播品牌的积极性，就能够建立起良好的品牌口碑。因此，品牌营销不应是品牌营销人的"自嗨"，而应从消费者的角度出发，设计更有趣的内容，让消费者参与到营销活动中来，实现品牌的二次传播。

比如，为了推广唇线、唇膏二合一口红，贝玲妃曾在官网上推出过一款视频交互工具"Real Full Lips"，让消费者录制短视频，生产带有个人特色的广告。消费者只需在该工具上选择一款口红，配合表情动作，再输入想说的话，即可完成视频制作，非常方便，如图19-2所示。

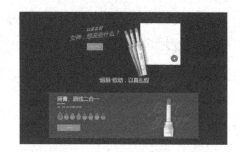

图19-2 "Real Full Lips"界面

该活动不仅能够促使消费者参与到活动中来，自发地传播品牌，也为贝玲妃提供了大量的优质且具有个性的广告。

（2）注重消费者体验

良好的购物体验能够提升消费者对于品牌的好感度，促使其自发地传播品牌。因此我们要做好产品的售中和售后服务，为消费者提供高品质的产品，提升消费者的购物体验。同时我们也需要了解消费者的反馈，根据其反馈有针对性地提升服务质量。

（3）发挥意见领袖的力量

意见领袖是连接品牌与消费者的纽带，意见领袖能够为消费者筛选出品牌的重点信息，为消费者提供更专业的购物参考，而许多消费者在购物时也会参考意见领袖的意见。微博"大V"、抖音达人、当红明星等往往都是极具影响力的意见领袖，品牌可与其合作，借其影响力引导更多消费者传播品牌。

（4）设置优惠

设置优惠能够为消费者传播品牌提供一个理由。比如，许多品牌会在微博上开展转发抽奖的活动，通过奖品吸引消费者传播品牌。除了抽奖活动外，在各类软件产品上，也可以通过设置分享机制促使用户传播品牌。比如樊登读书会的会员就可以向好友分享链接，好友下载注册樊登读书后可获得7天会员体验，同时可得到相应的积分奖励。

消费者也是品牌的传播者，品牌营销工作不只是品牌营销人的工作，也可以通过消费者来完成。相对于品牌传播的品牌信息，消费者传播的品牌信息更能赢得其他消费者的信任，因此我们有必要让消费者参与到品牌营销活动中来，通过其扩大品牌传播的广度和深度。